FAZER DISCÍPULOS RADICAIS

Manual para facilitar a criação de
discípulos em grupos pequenos,
assembleias cristãs e viagens missionárias
de curta duração, originando movimentos
de implantação de igrejas.

Fazer Discípulos Radicais

Manual para facilitar a criação de discípulos em grupos pequenos, assembleias cristãs e viagens missionárias de curta duração, originando movimentos de implantação de igrejas.

De Daniel B. Lancaster, Ph.D.

Publicado por: T4T Press

Primeira edição, 2011

Título original: Making Radical Disciples

Tradução: Bárbara Maia

Todos os direitos reservados. Nenhuma parte deste livro pode ser reproduzida ou transmitida por quaisquer formas ou meios, electrónicos ou mecânicos, incluindo fotocópias, gravações ou qualquer tipo de arquivamento de informações, sem a autorização escrita do autor, excepto no caso da inclusão de pequenas citações em artigos de crítica.

Copyright 2011 de Daniel B. Lancaster

ISBN 978-1-938920-26-4 impresso

Todas as citações das Escrituras foram retiradas da Bíblia Sagrada, Lisboa/Fátima, Difusora Bíblica/Franciscanos Capuchinhos, 5.ª edição, 2008. Utilizadas com conhecimento da Editora. Todos os direitos reservados.

Library of Congress Cataloging-in-Publication Data

Lancaster, Daniel B.

Fazer Discípulos Radicais: Manual para facilitar a criação de discípulos em grupos pequenos, assembleias cristãs e viagens missionárias de curta duração, originando movimentos de implantação de igrejas./Daniel B. Lancaster.

Incluí referências bibliográficas.

ISBN 978-1-938920-26-4

1. Formação Para Seguir Jesus: Discipulado Básico – Estados Unidos da América. I. Título.

Recomendações

"Há sempre necessidade de livros que vêem a expansão missionária e o crescimento da igreja com os olhos da experiência e da dedicação. Este é o caso da colecção Formação Para Seguir Jesus. Esta simplifica a estratégia de Jesus para que chegue às nações do mundo actual.

Este livro foi escrito por um praticante, e não apenas um teórico. Ficará mais rico ao ler e estudar a Formação Para Seguir Jesus, uma abordagem nova da caneta do missionário veterano Dan Lancaster."

Roy J. Fish
Professor Emérito
Southwestern Baptist Theological Seminary

"Procura uma coisa prática para transformar em discípulos quem procura respostas e novos crentes de qualquer grupo cultural? Aqui está!

Um manual prático de discipulado que é tão fácil de seguir que os novos discípulos, por sua vez, o podem usar para treinar outros, para uma obediência dedicada e instantânea às ordens de Jesus. Dan Lancaster pegou em muita experiência, nas melhores práticas e nas Escrituras e colocou-as numa ferramenta que levarei comigo."

Galen Currah
Consultor Itinerante de Paul Timothy Trainers
www.Paul-Timothy.net

"A abordagem clara e repetitiva destes materiais de discipulado proporciona uma estrutura eficaz para que novo crente compreenda e domine os princípios básicos da fé, e partilhe com os outros o que está a aprender."

Clyde D. Meador
Vice-presidente Executivo
International Mission Board, SBC

"Já ensinei este material a centenas de líderes aqui na América e recebo sempre as mesmas duas respostas: "Isto é tão simples" e "Gostava que me tivessem ensinado isto há anos". Neste manual, a verdade é viral, prática, comprovada e eficaz a criar discípulos que fazem discípulos. Recomendo-o incondicionalmente!"

Roy McClung
Missionário/Consultor
www.MaximizeMyMinistry.com

"Isto é um catecismo para o movimento de implantação de igrejas. É uma aplicação simples de um processo escalável que proporciona uma estrutura básica para uma vida frutífera de discipulado. Está repleto de dicas de formação práticas e valiosas."

Curtis Sergeant
Vice-presidente de Estratégias Globais
E3 Partners Ministry
www.e3partners.org

Recomendações

"O livro um, Formação Para Seguir Jesus – Fazer Discípulos Radicais, é o tipo de ferramenta prática de discipulado que os novos crentes de todo o mundo podem usar para estabelecer os seus alicerces em Jesus. Ensina os crentes a amar a Deus com todo o seu coração, alma, mente e forças. Também oferece ferramentas que podem ser usadas tanto por novos crentes como por crentes mais maduros quando falam do amor de Cristo.

Desde o primeiro dia, os pupilos desenvolvem uma preocupação com um mundo perdido e moribundo. Os formadores ensinam os outros a partilhar o que aprenderam à medida que avançam para zonas de escuridão com a luz de Jesus. É prático, de fácil utilização, bíblico e ousado."

Gerald W. Burch
Missionário Emérito
International Mission Board, SBC

"Dan Lancaster facultou um método simples, bíblico e reproduzível para produzir um seguidor radical de Cristo. O que é que procura mais? Dan usa oito imagens simples de Jesus para ajudar os crentes a crescer no Senhor. Estes princípios foram testados na dura prova da experiência missionária e resultarão consigo."

Ken Hemphill
Estrategista Nacional da Empowering Kingdom Growth
Autor, Orador, Consultor de Crescimento e
Professor de Evangelismo e Crescimento da Igreja

"Tenho usado este material nas Filipinas e adoro-o porque FUNCIONA. Perguntei aos meus formandos porque é que gostavam dele e responderam: "Porque aqueles a quem ensinamos também podem formar outras pessoas!" Este é o grande valor destas lições simples … são REPRODUZÍVEIS.

Vimos advogados, médicos, coronéis do Exército, homens de negócios, viúvas e guardas do portão; instruídos e sem instrução, todos usam este material para formar outras pessoas que estão a formar ainda mais outras."

Darrel Seale
Missionário nas Filipinas

"Como fundador de igrejas profissional em zonas rurais e urbanas da Tailândia durante mais de 30 anos, vi demasiadas vezes "igrejas atrofiadas" – igrejas que continuavam a depender de líderes exteriores para a maioria do seu alimento espiritual. Esta condição era causada em grande parte porque aqueles que implantavam estas igrejas usavam métodos de ensino pró-ocidentais que não eram reproduzíveis pelos crentes nacionais. Poucas daquelas igrejas algum dia se reproduziram – estavam incapacitadas desde o nascimento!

Este manual de formação dá-nos dois pontos-chave para assegurar que a Palavra seja passada de crente para crente: a simplicidade da reprodutibilidade e da repetição."

Jack Kinnison
Missionário Emérito
International Mission Board, SBC

Recomendações

"Jesus disse que se alguém quisesse ser seu discípulo teria de "se negar a si mesmo, pegar na sua cruz e segui-lo." Como professor, pastor, pai e missionário, Dan Lancaster percebe as exigências fundamentais e insubstituíveis do discipulado. Esta formação é valiosa, estratégica e apropriada tanto para a aldeia remota como para a sala de aula da universidade.

O chamamento para o discipulado é universal e o Dr. Lancaster criou uma ferramenta utilizável e reproduzível em todas as culturas e contextos. Usando métodos de ensino simples e sólidos, a FPSJ torna a formação para o discipulado divertida e memorável. Formação Para Seguir Jesus é o pacote completo para os discípulos: bíblico, reproduzível, prático e multiplicativo."

Bob Butler
Director Nacional
Cooperative Services International
Phnom Penh, Reino do Camboja

"O Dr. Dan Lancaster estudou com cuidado não só os Evangelhos mas também a cultura. Deu-nos um processo simples e viável para ajudar as pessoas a crescer em força no Senhor que segue os métodos de Jesus sem se tornar "centrado num programa". Este processo para assembleias cristãs é centralizado em Cristo e baseado nos discípulos. Recomendo vivamente este processo e rezo para que transcenda a cultura das assembleias cristãs e também seja usado na igreja tradicional da América do Norte."

Ted Elmore
Estrategista de Oração e Estrategista do Ministério de Campo
Southern Baptists of Texas Convention

Sumário

Recomendações 3
Prefácio 11
Agradecimentos 13
Introdução 15

Parte 1: Porcas E Parafusos

A Estratégia de Jesus 21
Formar Formadores 29
Adoração Simples 37

Parte 2: Formação

Boas-vindas 45
Multiplicar 53
Amar 67
Rezar 79
Obedecer 93
Caminhar 109
Ir 123
Partilhar 133
Semear 147
Tomar 157

Parte 3: Referência

Mais Estudo.. 167
Notas finais.. 169
Apêndice A.. 171
Apêndice B.. 173
Apêndice C.. 183

Prefácio

"...ensinando-os a cumprir tudo quanto vos tenho mandado."

Estas palavras finais da Grande Comissão permanecem tão importantes e desafiantes para nós hoje como foram quando Cristo as pronunciou pela primeira vez há 2000 anos. O que é que significa cumprir tudo quanto Cristo mandou? O apóstolo S. João diz-nos que se registássemos tudo aquilo que Jesus disse e fez, encheríamos todos os livros do mundo (Jo 21,25). Certamente, Jesus tinha em mente uma coisa mais sucinta. Na parte um de Formação Para Seguir Jesus, com o subtítulo *Fazer Discípulos Radicais*, Dan Lancaster extraiu dos Evangelhos oito imagens de Jesus que, quando emuladas, podem transformar um seguidor de Cristo num discípulo semelhante a Cristo.

Em *Fazer Discípulos Radicais*, Dan procurou ir mais além do que produzir simplesmente outro livro sobre o discipulado. Voltou as suas atenções para a criação de um movimento de multiplicação de discípulos. Para este fim, passou quatro anos a criar, testar, avaliar e rever o seu programa de discipulado até o ver não só a transformar novos crentes em discípulos semelhantes a Cristo, mas também a tornar estes mesmos discípulos formados em criadores de discípulos eficazes.

Depois de desenvolver este sistema de discipulado, o Dr. Lancaster fez um grande favor a toda a comunidade cristã ao condensar estas lições num formato reproduzível e de fácil utilização que pode ser adaptado a qualquer contexto cultural do mundo. *Fazer Discípulos Radicais* é uma contribuição dinâmica para a procura incessante de ser como Jesus e multiplicar o reino de Cristo através de novos discípulos por todo o mundo.

    Fazer discípulos numa época impregnada dos hábitos deste mundo não é fácil, mas também não é impossível, nem opcional. À medida que mergulha em *Fazer Discípulos Radicais* de Dan Lancaster, encontrará um discípulo e criador de discípulos que lhe pode mostrar um mapa testado e comprovado do caminho a seguir.

David Garrison
Chiang Mai, Tailândia
Autor – Movimentos de Implantação de Igrejas: Como Deus Está a Redimir um Mundo Perdido

Agradecimentos

Obrigado aos membros de três igrejas dos Estados Unidos da América onde a Formação Para Seguir Jesus começou há quinze anos: Community Bible Church, em Hamilton, Texas (uma congregação rural); New Covenant Baptist Church, em Temple, Texas (igreja já estabelecida baseada no discipulado); e Highland Fellowship, em Lewisville, Texas (uma congregação suburbana). Ao longo dos anos, vimos a FPSJ crescer de quatro para sete, e por fim oito, imagens de Cristo. Partilhámos muita coisa juntos, e o vosso amor e orações resultaram em produtividade para as nações!

Parceiros nativos em vários países do Sudeste Asiático ajudaram a aperfeiçoar e implementar a Formação Para Seguir Jesus internacionalmente. Por causa de questões de segurança nesses países, não posso divulgar os seus nomes. Um grupo de três nativos, em particular, ajudou a testar a formação e continua a formar gerações sucessivas de discípulos para treinar outros.

Obrigado aos muitos participantes na formação que deram apoio nas orações, *feedback* e encorajamento ao longo dos quatro anos do processo de desenvolvimento no Sudeste Asiático. Ajudaram a centrar e a melhorar a formação de forma significativa.

Cada um de nós é produto do investimento de mentores e experiências de vida. Gostaria de agradecer ao Rev. Ronnie Capps, ao Dr. Roy J. Fish, ao Rev. Craig Garrison, ao Dr. David Garrison, ao Dr. Elvin McCann, ao Rev. Dylan Romo e ao Dr. Thom Wolf pelo impacto que tiveram na minha vida como discípulo de Jesus.

Um agradecimento especial aos Drs. George Patterson e Galen Currah por várias das encenações da aprendizagem activa desta formação.

Por último, agradeço à minha família pelo seu apoio e encorajamento. Os meus filhos, Jeff, Zach, Karis e Zane, continuam a ser uma fonte interminável de fé, esperança e amor.

Holli, a minha esposa, fez um trabalho notável ao ler o manuscrito várias vezes e oferecer sugestões. Acrescentou várias ideias boas dos seminários de formação que dirigiu e tem sido uma avaliadora fiel de muitos dos conceitos, trabalhados ao longo dos últimos quinze anos.

Que Deus vos abençoe a todos, enquanto continuamos a desenvolver líderes espirituais entusiastas e levamos a cura às nações!

Daniel B. Lancaster, Ph.D.
Sudeste Asiático

Introdução

Bem-vindo a *Fazer Discípulos Radicais*, parte um da Formação Para Seguir Jesus (FPSJ)! Que Deus o abençoe e prospere à medida que segue o seu Filho. Que a fecundidade do seu ministério aumente cem vezes conforme caminha lentamente com Jesus por entre o seu grupo de pessoas não alcançadas (GPNA).

O manual que tem nas mãos é um sistema de formação completo baseado na estratégia de Jesus para chegar ao mundo. É o resultado de anos de pesquisa e testes tanto na América do Norte como no Sudeste Asiático. Este sistema não é teoria, mas prática. Use-o para fazer uma verdadeira diferença no mundo enquanto estiver na sua missão com Deus. Nós fizemo-lo e você também o pode fazer.

Depois de começar uma igreja rural e uma igreja suburbana nos Estados Unidos da América, a nossa família sentiu um chamamento para o Sudeste Asiático para instruir e formar líderes. Já era fundador de igrejas nos Estados Unidos há mais de dez anos, e também tinha instruído outros fundadores de igrejas. Quão difícil poderia ser mudarmo-nos para o estrangeiro e fazer a mesma coisa lá? A nossa família partiu para o campo missionário com arrogância e expectativas elevadas.

Durante a aprendizagem da língua, comecei a formar outras pessoas com um parceiro nativo. Começámos por oferecer um curso de formação de uma semana sobre discipulado básico e implantação de igrejas. Normalmente vinham entre trinta a quarenta alunos à formação. Diziam muitas vezes que as lições eram muito boas e que apreciavam muito a nossa instrução.

Todavia, uma coisa começou a incomodar-me: era evidente que não estavam a ensinar aos outros o que tinham aprendido.

Ora, nos Estados Unidos podemos deixar "que não ensinem os outros" porque há (ou tem havido) uma compreensão bíblica no centro da nossa cultura, mesmo entre pessoas perdidas. Contudo, no Sudeste Asiático não há nenhuma compreensão bíblica entre os perdidos. Nos Estados Unidos, poderá contar com o facto de que esta pessoa provavelmente encontrará outro cristão que o influenciará; no campo missionário não há essa garantia.

Portanto, tínhamos um problema. Estávamos a ensinar aos nativos o que pensávamos ser "uma coisa boa", mas eles não a estavam a reproduzir. Na verdade, parecia que estávamos a atrair "frequentadores profissionais de seminários". O facto de fornecermos refeições na formação de uma semana num país dominado pela pobreza também atrapalhou os resultados. O que aconteceu a seguir surpreendeu-me e foi uma lição de humildade.

Depois de uma das nossas sessões de formação, sentei-me numa casa de chá com o meu intérprete e fiz-lhe uma pergunta simples:

"João*, quanta da formação que fizemos esta semana acha que as pessoas efectivamente farão e ensinarão outras pessoas a fazer?"

O João pensou na pergunta durante algum tempo e percebi que ele não me queria responder. Na sua cultura, um aluno nunca deve criticar um professor e ele pensava que era isso que eu lhe estava a pedir para fazer. Depois de mais conversa e garantias da minha parte, deu-me uma resposta que mudou tudo:

"Dr. Dan, penso que farão cerca de dez por cento do que lhes ensinou esta semana que passou."

---

* Nome alterado por razões de segurança.

Fiquei surpreendido e tentei não o mostrar. Em vez disso, fiz outra pergunta ao João que começou o processo que seguiríamos ao longo dos dois anos e meio seguintes:

> *"João, pode mostrar-me os dez por cento que pensa que farão ou estão a fazer? O meu plano é manter esses dez por cento, deitar fora o resto e rescrever a formação até fazerem tudo o que os ensinarmos a fazer."*

O João mostrou-me os dez por cento que acreditava que eles iriam efectivamente fazer. Deitámos fora o resto e rescrevemos a formação do próximo encontro. Um mês depois, oferecemos outra formação de uma semana e depois fiz ao João a mesma pergunta: Que percentagem é que farão?

> *O João disse: "Dr. Dan, tenho a certeza de que farão quinze por cento do que ensinou desta vez."*

Fiquei sem palavras. O que o João não sabia era que eu rescrevera a formação do mês anterior, acrescentando o "melhor do melhor" de tudo o que aprendera como pastor nos Estados Unidos e enquanto instruía outros fundadores de igrejas. Aquele seminário tinha o melhor que eu tinha para dar... e os alunos só iam fazer quinze por cento disso!

Assim começou o processo que usámos durante dois anos e meio, aperfeiçoando e desenvolvendo o sistema da Formação Para Seguir Jesus. Todos os meses realizávamos um seminário de uma semana e fazíamos uma sessão de *feedback* depois do seminário ter acabado. Uma questão orientava os nossos esforços: que percentagem do que lhes ensinávamos fariam (ou estavam a fazer) graças à formação?

No terceiro mês, a nossa percentagem subira para vinte por cento; no seguinte, para vinte e cinco. Em alguns meses não fizemos nenhum progresso. Noutros, demos um salto para a frente. Contudo, ao longo da fase de desenvolvimento surgiu um princípio claro. Quanto mais ensinássemos os outros a seguir o exemplo de Jesus, maior era a probabilidade de eles ensinarem outras pessoas a fazer o mesmo.

Ainda me lembro do dia em que o João e outros nativos me contaram que as pessoas que formáramos estavam a fazer noventa por cento do que lhes tínhamos ensinado. Há muito que tínhamos abandonado os nossos métodos ocidentais, os nossos métodos asiáticos, a nossa formação académica, as nossas experiências, e aprendido a confiar apenas no exemplo que Jesus nos deixou.

Esta é a história de como surgiu a Formação Para Seguir Jesus (FPSJ). *Fazer Discípulos Radicais* é um sistema de formação prático que equipa os crentes para seguirem os cinco passos da estratégia de Jesus para chegar às nações vistos nos Evangelhos, nos Actos dos Apóstolos, nas Epístolas e na história da Igreja. O objectivo desta jornada de formação é a transformação e não a informação. Por essa razão, as lições são simples "sementes" de verdades espirituais cruciais; além do mais, são altamente reproduzíveis. Seguem o princípio espiritual "um pouco de fermento faz fermentar toda a massa" e capacitam os crentes para se tornarem seguidores entusiastas e reprodutores de Cristo. Ensine o material deste manual como está, sem mudar nada (excepto adaptar a formação ao contexto cultural onde trabalha), pelo menos cinco vezes. Imagine a equipa de formação a caminhar ao seu lado, guiando-o nas primeiras cinco vezes em que facilitar esta formação. *Fazer Discípulos Radicais* tem várias dinâmicas abrangentes que só se tornam óbvias depois de instruir os outros passo a passo várias vezes. Até hoje, formámos milhares de indivíduos (crentes e descrentes) com este material, tanto no Sudeste Asiático como nos Estados Unidos da América. Siga esta sugestão para evitar erros já cometidos por outros! Lembre-se: um homem inteligente aprende com os seus erros; um homem sábio aprende com os erros dos outros.

Enquanto começa, temos de partilhar consigo que a Formação Para Seguir Jesus nos mudou tanto quanto mudou qualquer pessoa que formámos. Que Deus faça o mesmo e abundantemente mais na sua vida!

Parte 1

Porcas e Parafusos

A Estratégia de Jesus

A estratégia de Jesus para chegar às nações envolve cinco passos: crescer em força no Senhor, divulgar o evangelho, fazer discípulos, começar grupos que originam igrejas e desenvolver líderes. Cada passo é autónomo, mas também amplifica os outros passos num processo circular. O material da FPSJ capacita os formadores para serem catalisadores de um movimento de implantação de igrejas entre o seu grupo ao seguir Jesus.

Fazer Discípulos Radicais aborda os três primeiros passos: Crescer em Força no Senhor, Divulgar o Evangelho e Fazer Discípulos. É dada uma visão de multiplicação aos discentes, que são formados para liderar um grupo pequeno, rezar, obedecer às ordens de Jesus e caminhar na força do Espírito Santo (Crescer em Força no Senhor). Depois, os discentes descobrem como se podem juntar a Deus onde quer que estejam a trabalhar; aprendem a partilhar o seu testemunho, a semear o evangelho e a compartilhar uma visão com os outros para a multiplicação entre o seu grupo (Divulgar o Evangelho). Completar o curso dá aos discentes as ferramentas para fazer discípulos (passo três) e guiá-los para grupos.

Os discentes que se mantiverem fiéis a formar os outros usando o livro *Fazer Discípulos Radicais* podem continuar com os livros *Começar Igrejas Radicais* ou *Formar Líderes Radicais*, dependendo das suas necessidades. *Começar Igrejas Radicais* é um sistema de formação projectado para capacitar as igrejas para começar novos grupos e igrejas (o quarto passo da estratégia de Jesus), levando a um movimento de implantação de igrejas. *Formar Líderes Radicais* é um sistema de formação criado para desenvolver líderes espirituais entusiastas (o quinto passo da estratégia de Jesus), também avançando na direcção do objectivo final de um movimento de implantação de igrejas. Os dois sistemas de formação exploram o ministério e o método de Jesus, dando aos discentes ferramentas simples e reproduzíveis que eles podem dominar e partilhar com os outros.

As Escrituras seguintes confirmam os cinco passos mencionados em cima no ministério de Jesus. A estratégia de Pedro e de Paulo demonstra que imitaram Jesus seguindo o mesmo padrão. A Formação Para Seguir Jesus permite que façamos o mesmo.

Jesus

CRESCER EM FORÇA NO SENHOR

–Lc 2,52– *E Jesus crescia em sabedoria, em estatura e em graça, diante de Deus e dos homens.*

DIVULGAR AS ESCRITURAS

–Mc 1,14-15– *Depois de João ter sido preso, Jesus foi para a Galileia, e proclamava o Evangelho de Deus, dizendo: «Completou-se o tempo e o Reino de Deus está próximo: arrependei-vos e acreditai no Evangelho.»*

FAZER DISCÍPULOS

–Mc 1,16-18– *Passando ao longo do mar da Galileia, [Jesus] viu Simão e André, seu irmão, que lançavam as redes ao mar, pois eram pescadores. E disse-lhes Jesus: «Vinde comigo e farei de vós pescadores de homens.» Deixando logo as redes, seguiram-no.*

COMEÇAR GRUPOS/IGREJAS

–Mc 3,14-15– *Estabeleceu doze para estarem com Ele e para os enviar a pregar, com o poder de expulsar demónios. (Ver também Mc 3,16-19.31.35)*

FORMAR LÍDERES

—Mc 6,7-10— Chamou os Doze, começou a enviá-los dois a dois e deu-lhes poder sobre os espíritos malignos. Ordenou-lhes que nada levassem para o caminho, a não ser um cajado: nem pão, nem alforge, nem dinheiro no cinto; que fossem calçados com sandálias e não levassem duas túnicas. E disse-lhes também: «Em qualquer casa em que entrardes, ficai nela até partirdes dali. (Ver também Mc 6,11-13)

PEDRO

CRESCER EM FORÇA NO SENHOR

—Act 1,13.14— Quando chegaram à cidade, subiram para a sala de cima, no lugar onde se encontravam habitualmente. Estavam lá: Pedro, João, Tiago... E todos unidos pelo mesmo sentimento, entregavam-se assiduamente à oração, com algumas mulheres, entre as quais Maria, mãe de Jesus, e com os irmãos de Jesus.

DIVULGAR AS ESCRITURAS

—Act 2,38.39— Pedro respondeu-lhes: «Convertei-vos e peça cada um o baptismo em nome de Jesus Cristo, para a remissão dos seus pecados; recebereis, então, o dom do Espírito Santo.

FAZER DISCÍPULOS

—Act 2,42.43— Eram assíduos ao ensino dos Apóstolos, à união fraterna, à fracção do pão e às orações. Perante os

inumeráveis prodígios e milagres realizados pelos Apóstolos, o temor dominava todos os espíritos.

COMEÇAR GRUPOS/IGREJAS

—Act 2,44-47— Todos os crentes viviam unidos e possuíam tudo em comum. Vendiam terras e outros bens e distribuíam o dinheiro por todos, de acordo com as necessidades de cada um. Como se tivessem uma só alma, frequentavam diariamente o templo, partiam o pão em suas casas e tomavam o alimento com alegria e simplicidade de coração. Louvavam a Deus e tinham a simpatia de todo o povo. E o Senhor aumentava, todos os dias, o número dos que tinham entrado no caminho da salvação.

FORMAR LÍDERES

—Act 6,3.4— Irmãos, é melhor procurardes entre vós sete homens de boa reputação, cheios do Espírito e de sabedoria; confiar-lhes-emos essa tarefa. Quanto a nós, entregar-nos-emos assiduamente à oração e ao serviço da Palavra.» (Ver também Act 6,5.6)

PAULO

CRESCER EM FORÇA NO SENHOR

—Gl 1,15-17— Mas, quando aprouve a Deus - que me escolheu desde o seio de minha mãe e me chamou pela sua graça - revelar o seu Filho em mim, para que o anuncie como Evangelho entre os gentios, não fui logo consultar criatura humana alguma, nem subi a Jerusalém para ir ter com os que

se tornaram Apóstolos antes de mim. Parti, sim, para a Arábia e voltei outra vez a Damasco.

DIVULGAR AS ESCRITURAS

–Act 14,21– Depois de terem anunciado a Boa-Nova àquela cidade e de terem feito numerosos discípulos, Paulo e Barnabé voltaram a Listra, Icónio e Antioquia.

FAZER DISCÍPULOS

–Act 14,22– Fortaleciam a alma dos discípulos, encorajavam-nos a manterem-se firmes na fé, porque, diziam eles: «Temos de sofrer muitas tribulações para entrarmos no Reino de Deus.»

COMEÇAR GRUPOS/IGREJAS

–Act 14,23– Depois de lhes terem constituído anciãos em cada igreja, pela imposição das mãos, e de terem feito orações acompanhadas de jejum, recomendaram-nos ao Senhor, em quem tinham acreditado.

FORMAR LÍDERES

–Act 16,1-3– Paulo chegou em seguida a Derbe e, depois, a Listra. Havia ali um discípulo chamado Timóteo, filho de uma judia crente e de pai grego, que era muito estimado pelos irmãos de Listra e de Icónio. Paulo resolveu levá-lo consigo . . .

História Da Igreja

Ao longo da história da Igreja, este mesmo processo de cinco passos é claro. Quer seja São Bento de Núrsia, São Francisco de Assis, Pedro Valdo e os Valdenses, Philip Jacob Spener e os Pietistas, John Wesley e os Metodistas, Jonathan Edwards e os Puritanos, Gilbert Tennant e os Baptistas, Dawson Trotman e os Navegadores, Billy Graham e o evangelismo moderno ou Bill Bright e a Campus Crusade for Christ, o mesmo padrão emerge repetidamente.

Jesus disse: *"edificarei a minha Igreja"* em *Mt 16,18*. Este padrão é o seu método e a FPSJ capacita os crentes para seguir Jesus com todo o seu coração, alma, mente e forças.

Formar Formadores

Esta secção explica em detalhe como formar formadores de forma reprodutível. Primeiro, referiremos os resultados que pode realisticamente esperar depois de formar os outros com *Fazer Discípulos Radicais*. Depois, delinearemos o processo de formação, que inclui 1) adoração, 2) oração, 3) estudo e 4) prática, baseado no mandamento mais importante. Por fim, abordamos alguns dos princípios-chave da formação de formadores, descobertos enquanto formávamos milhares de formadores.

Resultados

Depois de concluir *Fazer Discípulos Radicais*, os discentes serão capazes de:

- Ensinar dez lições básicas de discipulado baseadas em Cristo aos outros, usando um processo de formação reproduzível.
- Recordar oito imagens claras que representam um seguidor de Jesus.
- Conduzir um momento de adoração simples num grupo pequeno baseado no mandamento mais importante.
- Dar um testemunho poderoso e fazer uma apresentação do evangelho com confiança.
- Apresentar uma visão concreta de como chegar aos perdidos e formar crentes usando um Mapa de Act 29.

- Começar um grupo de discípulos (alguns dos quais se tornarão igrejas) e formar outros para fazer o mesmo.

Processo

Todas as sessões seguem o mesmo formato. A ordem e a duração aproximada estão listadas abaixo:

LOUVOR

- 10 minutos
- Peça a alguém para abrir a sessão, rezando e pedindo a bênção e a orientação de Deus para todas as pessoas do grupo. Recrute uma pessoa do grupo para dirigir alguns cânticos ou hinos (dependendo do contexto); esta poderá usar um instrumento musical.

ORAÇÃO

- 10 minutos
- Divida os discentes em pares com alguém com quem ainda não fizeram par. Os parceiros dizem um ao outro a resposta a duas questões:

    1. Como podemos rezar para que as pessoas perdidas que conhece sejam salvas?
    2. Como podemos rezar pelo grupo que está a formar?

- Se um discente ainda não começou um grupo, o seu parceiro deve trabalhar com ele para desenvolverem uma lista de possíveis amigos e família a instruir, e depois rezar com ele pelas pessoas da lista.

ESTUDO

O sistema da Formação Para Seguir Jesus usa o seguinte processo: Louvor, Oração, Estudo e Prática. Este processo é baseado no modelo de Adoração Simples que é explicado a partir da página 33. Para as dez lições do manual FPSJ, a sessão de "Estudo" é descrita abaixo:

- 30 minutos
- Cada secção "Estudo" começa com a "Revisão". É a revisão das oito imagens de Cristo e das lições dominadas até agora. No final da formação, os discentes serão capazes de recitar toda a formação de cor.
- Depois da "Revisão", o formador ou aprendiz forma os discentes com a lição actual, enfatizando que estes devem ouvir com atenção porque se irão instruir uns aos outros depois.
- Quando apresentam a lição, os formadores devem usar a seguinte sequência:

    1. Fazer a pergunta.
    2. Ler a Escritura.
    3. Encorajar os discentes a responder à questão.

Este processo coloca a palavra de Deus como autoridade para a vida, e não o professor. Demasiadas vezes, os professores fazem uma pergunta, dão a resposta e depois sustentam a sua resposta com a Escritura. Esta sequência coloca o professor como a autoridade, em vez da palavra de Deus.

- Se os discentes responderem à pergunta de forma incorrecta, não os corrija, mas peça aos participantes para ler a passagem da Escritura em voz alta e responder novamente.
- Todas as lições terminam com um versículo de memorização. De pé lado a lado, formadores e discentes recitam o versículo de memorização dez vezes; dizendo

primeiro a localização do versículo e depois o versículo. Os discentes podem usar as suas Bíblias ou guias de estudante nas seis primeiras vezes que disserem o versículo de memorização. No entanto, nas últimas quatro vezes o grupo recita o versículo de cabeça. O grupo inteiro recita o versículo dez vezes e depois senta-se.

PRÁTICA

- 30 minutos
- Anteriormente, os formadores dividiram os discentes para o segmento da "Oração". O parceiro da oração também é o parceiro da prática.
- Cada lição tem um método para escolher quem será o "líder" do par. O líder é a pessoa que ensinará primeiro. O formador anuncia ao grupo o método para escolher o líder.
- Imitando os formadores, o líder instrui o seu parceiro. O período de formação deve incluir a revisão e a nova lição e acabar com o versículo de memorização. Os discentes levantam-se para recitar o "Versículo de Memorização" e sentam-se quando terminarem, para que os formadores possam ver quais os discentes que já acabaram.
- Quando a primeira pessoa de um par terminar, a segunda repete o processo, para que também possa praticar a formação. Assegure-se de que o par não salta nem apressa nenhuma parte do processo.
- Caminhe pela sala enquanto estão a praticar para se assegurar de que o estão a imitar com precisão. Não fazer os gestos com as mãos é um indicador claro de que não o estão a imitar. Enfatize repetidamente que devem copiar o seu estilo.
- Mande-os procurar um novo parceiro e voltar a praticar à vez.

FINAL

- 20 minutos
- A maioria das sessões acaba com uma actividade de aprendizagem de aplicação prática. Dê aos discentes tempo suficiente para trabalhar nos seus Mapas de Act 29 e encoraje-os a caminhar pela sala e a obter ideias dos outros à medida que trabalham.
- Faça os comentários necessários e depois peça a alguém para rezar e dizer uma bênção na sessão. Escolha uma pessoa que ainda não rezou – no final da formação, todas as pessoas deverão ter feito a oração final pelo menos uma vez.

Princípios

Descobrimos os princípios seguintes durante o ensino de milhares de pessoas nos últimos dez anos. Na nossa experiência, os princípios não são culturalmente específicos; vimo-los em acção na Ásia, na América e em África (ainda não os testamos na Europa!).

- *A Regra do Cinco-* Os discentes têm de treinar uma lição cinco vezes antes de ter a confiança necessária para formar outra pessoa. Treinar uma lição inclui não só treiná-la mesmo como ouvir outra pessoa a treiná-la. Por essa razão, recomendamos que a parte prática seja feita duas vezes. Os discentes devem treinar uma vez com o parceiro da oração e depois trocar de parceiro e fazer a lição outra vez.
- *Menos é Melhor do que Mais-* A maioria dos discentes recebe uma formação muito superior ao seu nível de obediência. Um erro comum entre os formadores é dar aos discentes muito mais informação do que aquela a que conseguem obedecer. Uma exposição de longo prazo a este tipo de

formação deixa os discentes cheios de conhecimento com pouca aplicação prática. Nós tentamos sempre dar ao discente uma "mochila" de informação que ele possa levar consigo e aplicar, em vez de uma "grade".

- *Discentes Diferentes Aprendem de Forma Diferente-* As pessoas abordam a aprendizagem a partir de três formas diferentes: auditiva, visual e cinestésica. Para a formação ser altamente reprodutível tem de incluir as três formas de aprendizagem em cada lição. Contudo, a maioria da formação depende, no máximo, de uma ou duas formas. O nosso objectivo é transformar um grupo inteiro de pessoas. Em virtude disso, o nosso sistema de formação incorpora as três formas de aprendizagem para que ninguém fique excluído.

- *O Processo e o Conteúdo são Importantes-* Os investigadores têm feito muitos progressos na educação de adultos que nos capacitam para ensinar as pessoas de forma transformadora, e não informativa. Por exemplo, sabemos que o "formato de palestra" usado frequentemente não é uma boa metodologia para a maioria dos alunos. Infelizmente, a maioria da formação feita no estrangeiro ainda segue este padrão. No sistema da Formação Para Seguir Jesus, concentramo-nos na reprodutibilidade – avaliando as nossas lições pela capacidade da próxima geração de discentes as conseguir reproduzir.

- *Rever, Rever, Rever-* Uma expressão usada muitas vezes em vez de memorizar é "aprender uma coisa de cor". O nosso sistema de formação quer transformar o coração das pessoas. Consequentemente, um dos nossos objectivos é que cada aluno recite toda a formação de memória. A secção "Revisão" no início de cada "Estudo" ajuda os discentes a fazer precisamente isto. Por favor, não ignore a revisão. Na nossa experiência, até produtores de arroz do Sudeste Asiático com a terceira classe conseguem repetir todo o conteúdo de Fazer Discípulos Radicais usando os movimentos com as mãos.

- *Construir a Lição-* Quando formamos os outros, "construímos" a lição para que ajude a memória e aumente a confiança dos discentes. Por exemplo, fazemos a primeira pergunta, lemos a Escritura, damos a resposta e mostramos o movimento com as mãos. Depois, lemos a segunda pergunta e seguimos o mesmo processo. Contudo, antes de prosseguirmos para a terceira pergunta, revemos a pergunta, a resposta e os movimentos com as mãos das questões um e dois. Depois prosseguimos para a pergunta três. Seguimos este mesmo padrão repetitivo ao longo da lição, "construindo" a lição com cada pergunta nova. Isto ajuda os discentes a perceber toda a lição em contexto e a recordá-la melhor.
- *Ser um Exemplo-* As pessoas fazem o que vêem os outros fazer. Formar não é simplesmente ensinar informação aos outros, mas vivermos nós mesmos o que ensinamos. Histórias recentes sobre como Deus está presente nas nossas vidas inspiram aqueles que formamos. Formar não é um emprego; é um estilo de vida. Os movimentos de implantação de igrejas surgem em proporção directa com o número de crentes de um grupo que adoptou esta atitude.

Adoração Simples

A Adoração Simples é uma componente essencial da Formação Para Seguir Jesus – é uma das competências fundamentais para fazer discípulos. Baseada no Maior Mandamento, a Adoração Simples ensina as pessoas a obedecer ao mandamento de amar a Deus com todo o seu coração, toda a sua alma, toda a sua mente e toda a sua força.

Amamos a Deus com todo o nosso coração, por isso louvamo-Lo. Amamos a Deus com toda a nossa alma, por isso rezamos-Lhe. Amamos a Deus com toda a nossa mente, por isso estudamos a Bíblia. Por último, amamos a Deus com todas as nossas forças, por isso praticamos o que aprendemos para o partilharmos com os outros.

Deus abençoou pequenos grupos por todo o Sudeste Asiático que descobriram que podem ter Adoração Simples em qualquer lugar – nas casas, nos restaurantes, no parque, na escola dominical e até no Pagode!

CALENDÁRIO

- Um grupo de quatro pessoas demorará tipicamente cerca de vinte minutos a completar a Adoração Simples.
- Num ambiente de seminário, temos Adoração Simples ao início do dia e/ou depois do almoço.
- Na primeira vez que fizer a Adoração Simples, mostre-a ao grupo; passe algum tempo a explicar como fazer cada parte.

- Depois de mostrar como se faz a Adoração Simples, peça a todas as pessoas da formação para escolher um parceiro. Os discentes geralmente escolhem um amigo. Quando toda a gente tiver par, peça a cada par para se juntar a outro par – ficando quatro pessoas por grupo.
- Peça aos grupos para pensar num nome para o grupo, dando-lhes alguns minutos para o fazer; depois caminhe pela sala e pergunte a cada grupo que nome escolheu. Procure referir os grupos pelos seus nomes durante o resto da formação.
- No formato semanal, gostamos de ensinar primeiro a Adoração Simples às pessoas. Voltamos a ela e realizamo-la durante duas sessões posteriores.

Processo

- Os discentes dividem-se em grupos de quatro.
- Cada membro do grupo fica com uma parte diferente da Adoração Simples.
- Os discentes trocam de parte sempre que praticarem a Adoração Simples, para que no final da formação tenham feito cada parte pelo menos duas vezes.

Louvor

- Uma pessoa orienta o grupo no canto de dois cânticos ou hinos (dependendo do contexto).
- Não é preciso instrumentos musicais.
- Na sessão de formação, peça aos discentes para posicionar as cadeiras como se estivessem sentados na mesa de um café.
- Todos os grupos cantarão músicas diferentes, o que é bom.

- Explique ao grupo que esta é a altura de louvar a Deus com todo o coração em grupo, e não para ver que grupo consegue cantar mais alto.

Oração

- *Outra* pessoa (diferente da que orientou o louvor) orienta o tempo de oração do grupo.
- O líder da oração pergunta a cada membro do grupo o seu pedido de oração e anota-o.
- O líder da oração compromete-se a rezar por estes itens até o grupo se voltar a reunir.
- Depois de cada pessoa ter comunicado o seu pedido de oração, o líder da oração reza pelo grupo.

Estudo

- *Outra* pessoa do grupo de quatro orienta o tempo de estudo do grupo.
- O líder do estudo conta uma história bíblica pelas suas próprias palavras; sugerimos histórias dos Evangelhos, pelo menos no início.
- Dependendo do grupo, pode pedir aos líderes para ler primeiro a história bíblica e depois contá-la pelas suas palavras.
- Depois de contar a história bíblica, o líder do estudo faz ao grupo três perguntas:

    1. O que é que esta história nos ensinou sobre Deus?
    2. O que é que esta história nos ensinou sobre as pessoas?
    3. O que é que aprendi nesta história que me ajudará a seguir Jesus?

- O grupo discute cada questão em conjunto, até o líder achar que a discussão esmoreceu; em seguida, o líder passa para a pergunta seguinte.

Prática

- *Outra* pessoa do grupo de quatro orienta o tempo da prática do grupo.
- O líder da prática ajuda o grupo a rever a lição novamente e certifica-se de que todos compreendem a lição e conseguem ensiná-la aos outros.
- O líder da prática conta a mesma história bíblica que o líder do estudo contou.
- O líder da prática faz as mesmas perguntas que o líder do estudo fez e o grupo discute cada questão novamente.

Final

- O grupo da Adoração Simples termina o tempo de adoração cantando outra canção de louvor, ou dizendo o Pai Nosso em conjunto.

Princípios-chave a Recordar

- Na Adoração Simples funcionam melhor grupos de quatro. Se tiver de fazer um grupo de cinco, crie só um. Dois grupos de três pessoas são melhores do que um grupo de seis.
- Uma das chaves para a reprodutibilidade da Adoração Simples é cada pessoa, à vez, ter a oportunidade de fazer as quatro partes: louvor, oração, estudo e prática. Grupos de quatro dão apoio a quem está a aprender novas competências e não são tão intimidadores como um grupo maior.

- Encoraje os grupos a adorar na língua do seu coração. Se não houver cantores no grupo (o que às vezes acontece), ajude o grupo sugerindo que leiam um Salmo em voz alta juntos.
- Assegure-se de que dá tempo suficiente para que a pessoa da Prática termine a sessão com o grupo. A responsabilização do tempo prático gera a reprodução de grupos de Adoração Simples. Sem a secção da prática, este tempo transforma-se em apenas mais um grupo de estudo bíblico. É realmente isso que quer?
- Como deve ter reparado, o formato da Adoração Simples é o mesmo processo usado nas dez sessões da FPSJ: Louvor, Oração, Estudo e Prática. A grande diferença é o conteúdo da secção "Estudo". No final da FPSJ, os discentes já terão praticado muitas vezes o formato da Adoração Simples. A nossa esperança é que orientem um grupo e ensinem os outros a ter uma Adoração Simples em conjunto.

Parte 2

FORMAÇÃO

Boas-vindas

As *Boas-vindas* abrem as sessões de formação ou seminário apresentando os formadores e os discentes. Os formadores apresentam aos discentes oito imagens de Jesus como: Soldado, Procurador, Pastor, Semeador, Filho, Santo, Servo e Investidor – e os movimentos com as mãos correspondentes. Como as pessoas aprendem a ouvir, ver e fazer, a Formação Para Seguir Jesus incorpora cada uma destas formas de aprendizagem em todas as sessões.

A Bíblia diz que o Espírito Santo é o nosso professor; os discentes são encorajados a depender do Espírito durante toda a formação. A sessão termina com a abertura do "café", que proporciona um ambiente mais relaxado entre formadores e discentes, o tipo de ambiente que os discípulos apreciavam com Jesus.

Louvor

- Peça a alguém para rezar pela presença e bênção de Deus.
- Cantem dois cânticos ou hinos em conjunto.

Início

Apresentar os Formadores

Formadores e discentes devem posicionar-se em círculo no início da sessão de abertura. Se houver mesas, mande-as retirar previamente.

- Os formadores exemplificam como os discentes se apresentarão.
- O Formador e o Aprendiz (O Apêndice C descreve o papel do Aprendiz) apresentam-se um ao outro. Partilham o nome da outra pessoa, informações sobre a sua família, o seu grupo étnico (se apropriado) e o modo como Deus a abençoou nesse mês.

Apresentar os Discentes

- Divida os discentes em pares. Diga-lhes: "Agora vão apresentar-se um ao outro da mesma forma que eu e o meu aprendiz nos apresentámos."
- Devem ficar a saber o nome do parceiro, informações acerca da sua família, o seu grupo étnico e o modo como Deus o abençoou no mês anterior. Podem registar a informação nos cadernos de apontamentos, para não se esquecerem.

- Cerca de cinco minutos depois, peça aos pares para se apresentarem a pelo menos cinco outros pares da mesma forma como você lhes apresentou o seu parceiro.

Apresentar Jesus

"Já nos apresentámos a vocês e vocês já se apresentaram uns aos outros. Agora, gostaríamos de vos apresentar Jesus. Há muitas imagens de Jesus na Bíblia, mas vamos concentrar-nos nas oito principais."

OITO IMAGENS DE JESUS NA BÍBLIA

- Desenhe um círculo no quadro e enumere as imagens de Cristo. Peça aos alunos para as repetir por ordem várias vezes – até as conseguirem dizer de cor facilmente. "Jesus é um Soldado, Procurador, Pastor, Semeador, Filho, Santo, Servo e Investidor."

    ✋ Soldado
       Levante uma espada.

    ✋ Procurador
       Olhe de um lado para o outro com uma mão em cima dos olhos.

    ✋ Pastor
       Mova os braços na direcção do corpo como que esteja a reunir pessoas.

    ✋ Semeador
       Lance sementes com as mãos.

    ✋ Filho
       Mova as mãos na direcção da boca como que esteja a comer.

    ✋ Santo
       Coloque as mãos na posição típica de oração.

"Jesus é o Santo; nós somos chamados à santidade."

✋ **Servo**
Empunhe um machado.

✋ **Investidor**
Tire dinheiro do bolso da camisa ou carteira.

"Uma imagem vale mais do que mil palavras e estas imagens bíblicas dar-vos-ão um maior discernimento de como caminhar 'com' Jesus. Uma imagem dá-nos uma visão clara e a capacidade de reconhecer quando e como Jesus está a trabalhar."

"Um pai estava a ler o jornal e o filho pequeno estava sempre a interrompê-lo, querendo brincar. Depois de várias interrupções, o pai transformou uma das páginas do jornal num puzzle, cortando-a em pedaços. Disse ao filho para levar os pedaços, colá-los com fita-cola pela ordem correcta, e depois brincaria com ele."

"O pai pensava que o filho demoraria muito tempo a fazer isto, o que lhe daria tempo suficiente para ler o resto do jornal. Em vez disso, o filho regressou dez minutos depois com o 'puzzle' feito. Quando lhe perguntou como é que o tinha feito tão depressa, o filho respondeu: «Foi fácil. Havia uma imagem na parte de trás e quando juntei os pedaços da imagem todas as letras do outro lado também se juntaram.»

"Estas oito imagens de Jesus dar-vos-ão uma visão clara enquanto caminham com Jesus."

"Seguir alguém significa copiar a forma como essa pessoa faz as coisas. Um aprendiz copia o seu mestre para aprender um ofício. Os estudantes tornam-se como os seus professores. Todos nós copiamos alguém. Quem copiamos é quem nos tornamos. Nos momentos de formação, faremos perguntas, procuraremos a resposta na Bíblia, descobriremos como Jesus caminhou e treinaremos como o seguir."

Quais são as Três Formas de Aprender Melhor?

"Há três formas de aprender. Todas as pessoas usam as três, mas cada um de nós tem tendência para aprender melhor de uma forma. Nesta formação, usaremos as três em cada lição, para que cada um possa dominar o material com a sua forma específica de aprendizagem."

"Algumas pessoas aprendem melhor ouvindo. Por essa razão, leremos sempre a Escritura em voz alta e faremos as perguntas em voz alta."

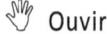 Ouvir
Coloque a mão á volta da orelha.

"Algumas pessoas aprendem melhor vendo. Por essa razão, usaremos imagens e peças de teatro para ilustrar verdades importantes."

 Ver
Aponte para os olhos.

"Algumas pessoas aprendem melhor fazendo. Por essa razão, teremos actividades práticas que o ajudarão a fazer as coisas de que estamos a falar e a treiná-las."

 Fazer
   Faça um movimento de rotação com as mãos.

"Ouvir, ver e fazer são os três professores principais que temos. A Bíblia também nos diz que o Espírito Santo é que é o nosso professor. Ao longo do seminário, exorto-vos a depender do Espírito Santo para aprender as lições, porque é ele que ensina melhor."

Final

O Café Está Aberto! ∞

"Que lugar é que aprecia mais: a sala de aula de uma escola ou um café (ou uma loja do chá) com amigos?"

"Aprendemos muitas coisas boas na sala de aula e devemos respeitar os nossos professores. Porém, é no café que aprendemos a maioria das coisas sobre os nossos amigos, família e povoação. Isto também era verdade quando Jesus caminhou na Terra."

–Lc 7,31-35– [Jesus disse:] «A quem, pois, compararei os homens desta geração? A quem são semelhantes? Assemelham-se a crianças que, sentadas na praça, se interpelam umas às outras, dizendo: 'Tocámos flauta para vós, e não dançastes! Entoámos lamentações, e não chorastes!' Veio João Baptista, que não come pão nem bebe vinho, e dizeis: 'Está possesso do *demónio!' Veio o Filho do Homem, que come e bebe, e dizeis: 'Aí está um glutão e bebedor de vinho, amigo de cobradores de impostos e de pecadores!' Mas a sabedoria foi justificada por todos os seus filhos.»*

"Estamos mais relaxados no café. Se Jesus voltasse a caminhar na Terra hoje, passaria o tempo em cafés ou lojas do chá. Ele seguiu este padrão quando veio da primeira vez. Por essa razão, vamos transformar esta sala, que passará de um centro de formação a um café."

- Nesta altura, encarregue-se de que servem café, chá e um pequeno lanche aos discentes.

O objectivo de "O Café Está Aberto!" é criar um ambiente de formação relaxado e mais informal. Ou seja, um ambiente de grupo que está mais próximo da forma como Jesus ensinou os discípulos.

2

Multiplicar

Multiplicar apresenta Jesus como Investidor: os investidores querem ser recompensados pelo seu tempo e tesouro, e desejam viver com integridade. Os discentes ganham uma percepção da fertilidade ao explorar 1) a primeira ordem de Deus à humanidade, 2) a última ordem de Jesus à humanidade, 3) o princípio 222 e 4) as diferenças entre o mar da Galileia e o mar Morto.

A lição termina com uma encenação de aprendizagem activa que demonstra a diferença em frutos entre formar os outros e simplesmente ensiná-los. Os discentes são desafiados a formar pessoas em como louvar, rezar, estudar a palavra de Deus e evangelizar e servir os outros. Com este investimento de tempo, tesouro e integridade, os discentes serão capazes de dar um presente maravilhoso a Jesus quando O virem no Céu.

Louvor

- Peça a alguém para rezar pela presença e bênção de Deus.
- Cantem dois cânticos ou hinos em conjunto.

Oração

- Divida os discentes em pares com alguém com quem ainda não fizeram par.
- Cada discente diz ao seu parceiro a resposta à seguinte questão: Como posso rezar por ti hoje?
- Os parceiros rezam juntos.

Estudo

Revisão

Todas as sessões de revisão são iguais. Peça aos discentes para se levantar e recitar as lições aprendidas anteriormente. Certifique-se de que também fazem os movimentos com as mãos.

Quais São Oito Imagens Que Nos Ajudam a Seguir Jesus?
Soldado, Procurador, Pastor, Semeador, Filho, Santo, Servo, Investidor

A Nossa Vida Espiritual é Como Um Balão ଔ

- Pegue num balão, mostre-o ao grupo e explique:

  "A nossa vida espiritual é como um balão."

- À medida que enche o balão, explique que recebemos bênçãos de Deus. Deixe sair ar do balão e diga:

  "Deus dá-nos a nós, por isso daremos aos outros. Nós somos abençoados para sermos uma bênção."

- Repita este processo várias vezes, demonstrando a natureza "dentro e fora" da vida espiritual.

"Porém, a maioria de nós não dá o que recebe, mas guarda-o para si. Talvez pensemos que, se o dermos, Deus não nos voltará a encher. Talvez pensemos que dar é muito difícil."

- Continue a encher o balão, mas periodicamente deixe sair uma pequena quantidade de ar porque "se sente culpado". Deus tem-lhe dado tanto, e você não está a dar quase nada aos outros. Por último, encha o balão até rebentar.

"A nossa vida espiritual é como esta ilustração. Quando alguém nos ensina uma lição, devemos ensinar o que aprendemos a outra pessoa. Quando recebemos uma bênção, devemos abençoar os outros. Não o fazermos causa problemas sérios na nossa vida espiritual! Não dar o que recebemos é o caminho certo para a derrota espiritual."

Como é Jesus?

—Mt 6,20-21— Acumulai tesouros no Céu, onde a traça e a ferrugem não corroem e onde os ladrões não arrombam nem furtam. Pois, onde estiver o teu tesouro, aí estará também o teu coração.

"Jesus é um Investidor. Falou mais de dinheiro, bens e das nossas prioridades do que de qualquer outro tópico. Como investidor, Jesus investiu em nós e espera ser recompensado."

Investidor
Finja que tira dinheiro do bolso da camisa ou carteira.

Quais São Três Coisas Que um Investidor Faz?

—Mt 25,14-28— «Será também como um homem que, ao partir para fora, chamou os servos e confiou-lhes os seus bens. A um deu cinco talentos, a outro dois e a outro um, a cada qual conforme a sua capacidade; e depois partiu. Aquele que recebeu cinco talentos negociou com eles e ganhou outros cinco. Da mesma forma, aquele que recebeu dois ganhou outros dois. Mas aquele que apenas recebeu um foi fazer um buraco na terra e escondeu o dinheiro do seu senhor. Passado muito tempo, voltou o senhor daqueles servos e pediu-lhes contas. Aquele que tinha recebido cinco talentos aproximou-se e entregou-lhe outros cinco, dizendo: 'Senhor, confiaste-me cinco talentos; aqui estão outros cinco que eu ganhei.' O senhor disse-lhe: 'Muito bem, servo bom e fiel, foste fiel em coisas de pouca monta, muito te confiarei. Entra no gozo do teu senhor.' Veio, em seguida, o que tinha recebido dois talentos: 'Senhor, disse ele, confiaste-me dois talentos; aqui estão outros dois que eu ganhei.' O senhor disse-lhe: 'Muito bem, servo bom e fiel, foste fiel em coisas de pouca monta, muito te confiarei. Entra no gozo do teu senhor.' Veio, finalmente, o que tinha recebido um só talento: 'Senhor, disse ele, sempre te conheci como homem duro, que ceifas onde não semeaste e recolhes onde não espalhaste. Por isso, com medo, fui esconder o teu talento na terra. Aqui está o que te pertence.' O senhor respondeu-lhe: 'Servo mau e preguiçoso! Sabias que eu ceifo onde não semeei e recolho onde não espalhei. Pois bem, devias ter levado o meu dinheiro aos banqueiros e, no meu regresso, teria levantado o meu dinheiro com juros.' 'Tirai-lhe, pois, o talento, e dai-o ao que tem dez talentos.»

1. Os investidores investem o seu tesouro de forma sensata.

   "Jesus conta a história de três servos incumbidos de investir o dinheiro do senhor. Dois deles investiram o dinheiro do senhor de forma sensata."

2. Os investidores investem o seu tempo de forma sensata.

   "Jesus quer que coloquemos o Seu Reino em primeiro lugar na nossa agenda."

3. Os investidores vivem com integridade.

   "Conforme Jesus vir a nossa integridade e honestidade nas pequenas coisas, Ele confiar-nos-á mais."

"Jesus é um investidor e vive em nós. Quando O seguirmos, também seremos investidores. Investiremos o nosso tesouro e tempo de forma sensata e viveremos com integridade."

Qual Foi a Primeira Ordem de Deus ao Homem?

–Gn 1,28– *Abençoando-os, Deus disse-lhes: «Crescei, multiplicai–vos, enchei e submetei a terra. Dominai sobre os peixes do mar, sobre as aves dos céus e sobre todos os animais que se movem na terra.»*

"Deus disse à humanidade para se multiplicar e ter filhos físicos."

Qual Foi a Última Ordem de Jesus ao Homem?

–Mc 16,15– *E disse-lhes: «Ide pelo mundo inteiro, proclamai o Evangelho a toda a criatura.*

"Jesus disse aos Seus discípulos para se multiplicarem e terem filhos espirituais."

Como Posso Ser Fértil e Multiplicar-me?

−2 Tm 2,2− Quanto de mim ouviste, na presença de muitas testemunhas, transmite-o a pessoas de confiança, que sejam capazes de o ensinar também a outros.

"Quando formamos os outros, como fomos formados, Deus multiplica as nossas vidas. Chamamos a isto o 'Princípio 222'. Jesus revelou-Se a Paulo. Paulo formou Timóteo. Timóteo formou pessoas fiéis que também formaram outras pessoas. E assim tem continuado ao longo de toda a História… até que um dia alguém lhe falou de Jesus!"

Mar da Galileia/Mar Morto ⊗

- Desenhe a figura da página seguinte, passo a passo, à medida que ensina cada parte da ilustração. A figura é o desenho completo.

    "Há dois mares situados no país de Israel. Alguém sabe como se chamam?"

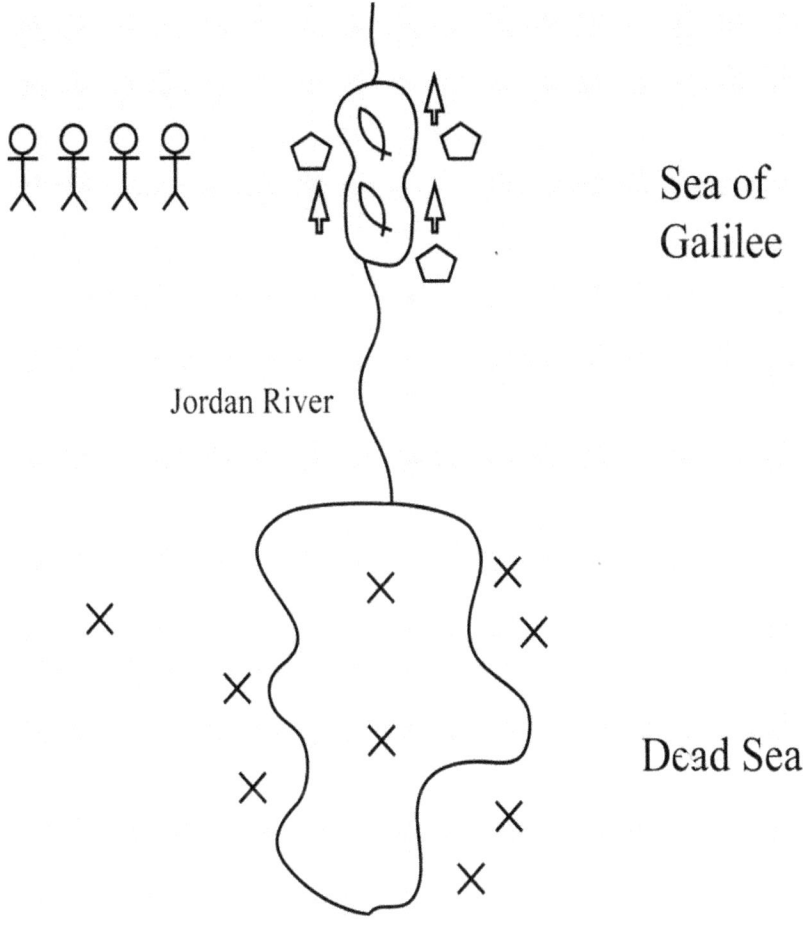

(O MAR DA GALILEIA E O MAR MORTO)

- Desenhe dois círculos, o mais pequeno em cima. Ligue-os com uma linha. Trace uma linha ascendente a partir do topo do círculo mais pequeno. Escreva o nome dos dois mares.

  "Um rio liga o mar da Galileia e o mar Morto. Alguém sabe o seu nome?"

(O RIO JORDÃO)

- Escreva o nome do rio.

"O mar da Galileia e o mar Morto são muito diferentes. O mar da Galileia tem muito peixe."

- Desenhe peixes no mar da Galileia.

"O mar Morto não tem peixes."

- Desenhe Xs no mar Morto.

"O mar da Galileia tem muitas árvores a crescer perto de si."

- Desenhe árvores à volta do mar da Galileia.

"O mar Morto não tem árvores próximas.

- Desenhe Xs à volta do mar Morto.

"O mar da Galileia tem muitas aldeias."

- Desenhe casas à volta do mar da Galileia.

"O mar Morto não tem aldeias."

- Desenhe Xs à volta do mar Morto.

"Quatro pessoas famosas viverem junto ao mar da Galileia. Alguém sabe como se chamavam?"

(PEDRO, ANDRÉ, TIAGO E JOÃO)

- Desenhe quatro bonecos ao lado do mar da Galileia.

"Não viveu ninguém famoso junto ao mar Morto."

- Desenhe quatro Xs ao lado do mar Morto.

"Porque é que acham que o mar Morto está 'morto' e o mar da Galileia está 'vivo'?"

Porque o mar da Galileia tem água a entrar e a sair, enquanto o mar Morto só tem água a entrar.

"Esta é uma imagem da nossa vida espiritual. Quando recebemos uma bênção, devemos dar uma bênção. Quando recebemos um ensinamento, devemos ensinar os outros. Assim seremos como o mar da Galileia. Se o mantivermos para nós, somos como o mar Morto."

"Que mar é mais fácil de imitar – o mar Morto ou o mar da Galileia? A maioria das pessoas é como o mar Morto porque prefere receber do que dar. Porém, aqueles que seguem Jesus são como o mar da Galileia. Jesus deu aos outros o que recebera de Seu Pai. Quando formamos os outros para formar outros, estamos a seguir o exemplo de Jesus."

"Com que mar é que se querem parecer? Eu quero ser como o mar da Galileia."

Versículo de Memorização

> *—Jo 15,8— Nisto se manifesta a glória do meu Pai: em que deis muito fruto e vos comporteis como meus discípulos.*

- Todas as pessoas levantam-se e dizem o versículo de memorização dez vezes em conjunto. Nas primeiras seis vezes, os discentes usam a Bíblia ou o guia da formação. Nas últimas quatro vezes, dizem o versículo de cor. Os discentes devem dizer sempre a referência do versículo antes de o citar e sentar-se quando acabarem.
- Seguir esta rotina ajudará os formadores a saber que equipas terminaram a lição na secção "Prática".

PRÁTICA

- Para esta sessão, peça aos discentes para se sentarem de frente para o seu parceiro de oração. Os parceiros ensinam a lição um ao outro à vez.

"A pessoa mais nova do par será a líder."

- Isto significa apenas que formará primeiro.
- Siga o Processo de Formação de Formadores da página 23.
- Enfatize que quer que ensinem tudo o que está na secção Estudo exactamente da forma como o fez.

"Façam as perguntas, leiam as Escrituras em conjunto e respondam às questões da mesma forma que fiz convosco."

"Desenhem a figura do mar da Galileia/mar Morto e citem o versículo de memorização da mesma forma que fiz convosco."

"Cada um deve usar uma folha de papel limpa sempre que desenhar a figura do mar da Galileia/mar Morto."

- Depois de ensinarem a lição uns aos outros, diga aos discentes para trocar de parceiro e ensinar novamente a lição à vez. Quando terminarem, peça-lhes para pensar em alguém com quem partilharão a lição depois da formação. Diga-lhes para escrever o nome da pessoa no topo da primeira página da lição.

FINAL

Um Presente Para Jesus ෬

- Peça a um voluntário para ajudar com uma encenação.
- Coloque o voluntário num dos lados da sala e posicione-se no outro lado.
- "Quero que imaginem que nós (o voluntário e eu) temos a mesma maturidade espiritual. Ambos:"

    ✋ Louvamos
    Levantem as mãos em louvor a Deus.

    ✋ Rezamos
    Coloquem as mãos na posição típica de oração.

    ✋ Estudamos a Bíblia
    Virem as palmas das mãos para cima como que estejam a ler um livro.

🖐 Falamos aos outros de Jesus
   Estendam a mão como que estejam a espalhar sementes.

- Enfatize que são iguais espiritualmente, à excepção de uma diferença.
- "A única diferença entre nós é que ele forma as pessoas que ganha para Cristo para formar outros. Eu só ensino as pessoas que levo a Cristo. Não as formo para formar outros."

"Agora, vou mostrar-vos a diferença que essa formação faz."

- Explique que todos os anos tanto você como o voluntário chamam uma pessoa para Cristo.
- Você e o voluntário vão até ao público, pegam numa pessoa e levam-na até aos vossos lugares, onde ficará convosco.

"Podem ver que no primeiro ano não há diferença. Eu tenho aqui uma pessoa e ele tem ali uma pessoa."

- Contudo, só o voluntário forma a pessoa que leva a Cristo. Voltem a fazer os movimentos com as mãos; desta vez, eles os dois fazem os movimentos com as mãos juntos. Você faz os movimentos com as mãos sozinho.

"Vamos ver o que acontece no segundo ano. Tanto ele como eu ganhamos uma pessoa para Cristo. A única diferença é que ele forma as suas pessoas para fazer o mesmo. Assim, este ano, eu ganho uma pessoa, mas os dois do outro grupo ganham uma pessoa cada um."

- Você e o voluntário vão de novo até ao público para escolher os vossos próximos discípulos. Depois, o discípulo do voluntário também ganha um discípulo.

"Podem ver que passados dois anos a diferença ainda é mínima: eu tenho duas pessoas, ele tem três."

- Novamente, o voluntário e as três pessoas com ele executam os movimentos com as mãos, mas você é a única pessoa do seu grupo que faz os movimentos com as mãos.
- Repita este processo durante vários "anos" até todas as pessoas da formação terem sido escolhidas. Todas as vezes, faça as acções sozinho e diga aos seus convertidos que devem louvar, rezar, estudar a palavra de Deus e partilhar a boa-nova, mas não os forme para o fazer.
- A certa altura, já não haverá pessoas suficientes. Nesse caso, diga às pessoas que se não conseguirem arranjar outro discípulo devem levantar as duas mãos para mostrar que agora são duas pessoas.
- No quinto ano, os discentes estarão impressionados com o número de pessoas formadas pelo voluntário em comparação com o número das que foram ensinadas por si. Enfatize repetidamente que ama muito os seus discípulos e quer que sejam fortes, por isso ensina-lhes muitas coisas, mas nunca os forma para formar outros.

"Quando chegarem ao Céu, que tipo de presente querem dar a Jesus por morrer na cruz por vocês? — Só meia dúzia de pessoas como eu tenho, ou um grande número de discípulos como ele?"

- Aponte para o voluntário do outro lado da sala.

"Deus mandou-nos ser férteis e multiplicar-nos. Quero ser como Jesus, formando pessoas que formam outras pessoas.

Quero dar a Jesus um grande presente: muitas pessoas que formei e que depois formaram outras. Quero ser um investidor do meu tesouro e do meu tempo e quero viver com integridade."

- Peça ao seu grupo para se juntar ao outro grupo e formem-se uns aos outros para que todos possam ser vencedores.
- Peça ao voluntário da encenação "Um Presente Para Jesus" para fechar a sessão com uma oração.

3

Amar

Amar apresenta Jesus como Pastor: os pastores conduzem, protegem e alimentam as suas ovelhas. Nós "alimentamos" as pessoas quando as ensinamos segundo a Palavra de Deus, mas qual deve ser a primeira coisa que ensinamos às pessoas sobre Deus? Os discentes exploram o mandamento mais importante, identificam quem é a fonte do amor e descobrem como adorar com base no mandamento mais importante.

Os discentes treinam a liderança de um simples grupo de discípulos usando quatro elementos-chave: louvor (amar a Deus com todo o coração), oração (amar a Deus com toda a alma), estudo da Bíblia (amar a Deus com toda a mente) e treinar uma competência (para podermos amar a Deus com todas as nossas forças). Uma encenação final, "Ovelhas e Tigres", demonstra a necessidade de muitos grupos de discípulos entre os crentes.

Louvor

- Peça a alguém para rezar pela presença e bênção de Deus.
- Cantem dois cânticos ou hinos em conjunto.

Oração

- Divida os discentes em pares com alguém com quem ainda não fizeram par.
- Cada discente diz ao seu parceiro a resposta às seguintes questões:

  1. Como podemos rezar para que as pessoas perdidas que conhece sejam salvas?
  2. Como podemos rezar pelo grupo que está a formar?

- Se um parceiro ainda não começou a formar ninguém, rezem por pessoas potenciais na sua esfera de influência que possam começar a formar.
- Os parceiros rezam juntos.

Estudo

Revisão

Todas as sessões de revisão são iguais. Peça aos discentes para se levantar e recitar as lições aprendidas anteriormente. Certifique-se de que também fazem os movimentos com as mãos.

Quais São Oito Imagens Que Nos Ajudam a Seguir Jesus?
Soldado, Procurador, Pastor, Semeador, Filho, Santo, Servo, Investidor

Multiplicar
Quais são três coisas que um investidor faz?
Qual foi a primeira ordem de Deus ao homem?
Qual foi a última ordem de Jesus ao homem?
Como posso ser fértil e multiplicar-me?
Quais são os nomes dos dois mares situados em Israel?
Porque é que são tão diferentes?
Com qual se querem parecer?

Como é Jesus?

—Mc 6,34— Ao desembarcar, Jesus viu uma grande multidão e teve compaixão deles, porque eram como ovelhas sem pastor. Começou, então, a ensinar-lhes muitas coisas.

"Jesus é o Bom Pastor. Amou a grande multidão, viu os seus problemas e começou a ensinar-lhes os caminhos de Deus. Ele vive em nós e faz o mesmo através das nossas vidas."

 Pastor
Mova os braços na direcção do corpo como que esteja a reunir pessoas.

Quais São Três Coisas Que um Pastor Faz?

—Sl 23,1-6— O SENHOR é meu pastor: nada me falta. Em verdes prados me faz descansar e conduz-me às águas refrescantes. Reconforta a minha alma e guia-me por caminhos rectos, por amor do seu nome. Ainda que atravesse vales tenebrosos, de nenhum mal terei medo porque Tu estás comigo. A tua vara e o teu cajado dão-me confiança. Preparas a mesa para mim à vista dos meus inimigos; ungiste com óleo a minha

cabeça; a minha taça transbordou. Na verdade, a tua bondade e o teu amor hão-de acompanhar-me todos os dias da minha vida, e habitarei na casa do SENHOR para todo o sempre.

1. Os pastores conduzem as suas ovelhas pelo caminho certo.
2. Os pastores protegem as suas ovelhas.
3. Os pastores alimentam as suas ovelhas.

"Jesus é um pastor, e conforme O seguimos, também seremos pastores. Conduziremos as pessoas a Jesus, protegê-las-emos do mal e alimentá-las-emos com a Palavra de Deus".

Qual é o Mandamento Mais Importante Para Ensinar aos Outros?

—Mc 12,28-31– Aproximou-se dele um escriba que os tinha ouvido discutir e, vendo que Jesus lhes tinha respondido bem, perguntou-lhe: «Qual é o primeiro de todos os mandamentos?» Jesus respondeu: «O primeiro é: Escuta, Israel: O Senhor nosso Deus é o único Senhor; amarás o Senhor, teu Deus, com todo o teu coração, com toda a tua alma, com todo o teu entendimento e com todas as tuas forças. O segundo é este: Amarás o teu próximo como a ti mesmo. Não há outro mandamento maior que estes.»

AMAR A DEUS

✋ Ponha as mãos para cima na direcção de Deus.

AMAR O PRÓXIMO

✋ Ponha as mãos para a frente na direcção dos outros.

De Onde Vem o Amor?

—1 Jo 4,7.8— Caríssimos, amemo-nos uns aos outros, porque o amor vem de Deus, e todo aquele que ama nasceu de Deus e chega ao conhecimento de Deus. Aquele que não ama não chegou a conhecer a Deus, pois Deus é amor.

O AMOR VEM DE DEUS

"Assim... recebemos amor de Deus e damos-lhe amor de volta."

✋ Ponha as mãos para cima como que esteja a receber amor e depois dê o amor de volta a Deus.

"Recebemos amor de Deus e damos amor a outras pessoas."

✋ Ponha as mãos para cima como que esteja a receber amor e depois estenda-as para a frente como que esteja a dá-lo aos outros.

O Que é a Adoração Simples?

✋ Louvor
    Levante as mãos em louvor a Deus.

✋ Oração
    Coloque as mãos na posição típica de oração.

✋ Estudo
    Vire as palmas das mãos para cima como quem lê um livro.

✋ **Prática**
Mova a mão de um lado para o outro, como quem lança sementes.

Para que Serve a Adoração Simples?

—Mc 12,30– Amarás o Senhor, teu Deus, com todo o teu coração, com toda a tua alma, com todo o teu entendimento e com todas as tuas forças.

Nós...	Por isso...	Movimentos com as mãos
Amamos a Deus com todo o nosso Coração	Louvamos	✋ Ponha a mão sobre o coração e depois levante as mãos para louvar a Deus.
Amamos a Deus com toda a nossa Alma	Rezamos	✋ Feche as mãos junto ao corpo e depois coloque-as na posição típica de oração.
Amamos a Deus com toda a nossa Mente	Estudamos	✋ Ponha uma mão do lado direito da cabeça como que esteja a pensar e depois vire as palmas das mãos para cima como que esteja a ler um livro.
Amamos a Deus com todas as nossas Forças	Partilhamos o Que Aprendemos (Praticamos)	✋ Ponha os braços para cima e flicta os músculos e depois estenda a mão para espalhar sementes.

- Reveja as linhas gerais da Adoração Simples com os discentes. Cada parte forma-nos para obedecer ao mandamento mais importante de Jesus, encontrado em Mc 12,30.
- Esta lição explica a finalidade da Adoração Simples. Treine os movimentos com as mãos com os discentes várias vezes.

"Amamos a Deus com todo o nosso coração, portanto louvamo-Lo; amamos a Deus com toda a nossa alma, portanto rezamos; amamos a Deus com toda a nossa mente, portanto estudamos; amamos a Deus com todas as nossas forças, portanto praticamos."

Quantas Pessoas São Precisas para Haver Adoração Simples?

—Mt 18,20– Pois, onde estiverem dois ou três reunidos em meu nome, Eu estou no meio deles.

"Jesus prometeu que onde estiverem dois ou três crentes reunidos, Ele está lá com eles."

Versículo de Memorização

—Jo 13,34.35– Dou-vos um novo mandamento: que vos ameis uns aos outros; que vos ameis uns aos outros assim como Eu vos amei. Por isto é que todos conhecerão que sois meus discípulos: se vos amardes uns aos outros.

- Todas as pessoas levantam-se e dizem o versículo de memorização dez vezes em conjunto. Nas primeiras seis vezes, os discentes usam a Bíblia ou o guia da formação. Nas últimas quatro vezes, dizem o versículo de cor. Os

discentes devem dizer sempre a referência do versículo antes de o citar e sentar-se quando acabarem.
- Isto ajudará os formadores a saber quem terminou a lição na secção "Prática".

Prática

- Para esta sessão, peça aos discentes para se sentarem de frente para o seu parceiro de oração. Os parceiros ensinam a lição um ao outro à vez.

"A pessoa mais velha do par será a líder."

- Siga o Processo de Formação de Formadores da página 23.
- Enfatize que quer que ensinem tudo o que está na secção "Estudo" exactamente da forma como o fez.

"Façam as perguntas, leiam as Escrituras em conjunto e respondam às questões da mesma forma que fiz convosco."

- Depois de os discentes terem praticado formar-se um ao outro, diga-lhes para procurar outro parceiro e treinar de novo. Peça aos discentes para pensar em alguém fora da formação com quem partilharão esta lição.

"Demorem alguns segundos a pensar numa pessoa fora desta formação a quem possam ensinar esta lição. Escrevam o nome dessa pessoa no topo da primeira página desta lição."

FINAL

Adoração Simples

- Divida os discentes em grupos de quatro. Dê a cada grupo de quatro um minuto para pensar num nome para o grupo.
- Caminhe pela sala e peça aos grupos para lhe dizer o nome que escolheram.
- Reveja os passos da Adoração Simples com os discentes, dizendo-lhes que vão treinar a Adoração Simples juntos.
- Cada pessoa do grupo da Adoração Simples deve orientar uma parte diferente do tempo de adoração. Por exemplo, uma pessoa orienta o tempo de louvor, outra o tempo oração, outra o tempo de estudo e outra o tempo de prática.
- Diga aos grupos para orientar o tempo de adoração em voz baixa porque há outros grupos próximos. Relembre aos discentes para não "pregar" mas "contar" a história bíblica. Peça ao líder do estudo para contar ao seu grupo uma história sobre o amor de Deus. Sugira a história do filho pródigo, se os discentes não conseguirem escolher uma história bíblica. Depois, o líder do estudo fará as três perguntas de estudo:

    1. O que é que esta história nos diz sobre Deus?
    2. O que é que esta história nos diz sobre as pessoas?
    3. Como é que esta história me ajudará a seguir Jesus?

- O líder da prática reconta a história bíblica que o líder do estudo contou e faz as mesmas perguntas que o líder do estudo fez e o grupo volta a discutir todas as questões.

Porque é que é Importante Começar um Grupo de Discípulos?

OVELHAS E TIGRES ଔ

- Explique que a sala é uma quinta de ovelhas. Peça a um voluntário para ser guarda (pastor) das ovelhas. Peça a três voluntários para ser tigres. Todas as outras pessoas são ovelhas.

  "O objectivo do jogo é que os tigres magoem o maior número de ovelhas que conseguirem. Se o guarda tocar num tigre, este tem de se aninhar e está 'morto'. Se um tigre tocar numa ovelha, esta tem de se aninhar e ficar 'ferida'. O guarda pode ser ferido se dois tigres o tocarem ao mesmo tempo. Quando algum participante ficar 'ferido' ou 'morto', este deixa de jogar até o jogo terminar."

- Peça ao grupo para tirar livros, lápis e outros elementos potencialmente perigosos do chão antes de começarem.

  "Alguns de vocês poderão gritar durante o jogo e isso não faz mal."

- Conte até três e diga "Comecem!". Deixe o jogo continuar até todos os tigres estarem mortos ou todas as ovelhas estarem feridas. A maioria, se não todas, das ovelhas ficará ferida. O guarda também pode ficar ferido.
- Diga ao grupo que irão jogar novamente o jogo. No entanto, desta vez escolha cinco guardas adicionais e mantenha os mesmos três tigres como antes. Todas as outras pessoas são ovelhas. Encoraje as ovelhas a juntar-se em pequenos grupos junto a um guarda para ficarem mais protegidas. Conte até três e diga "Comecem!".

- Deixe o jogo continuar até todos os tigres estarem mortos ou todas as ovelhas estarem feridas. Todos os tigres devem morrer bastante depressa. Algumas ovelhas podem ficar feridas.

"Este é um retrato de porque precisamos de muitos grupos e igrejas novos. O primeiro jogo é como um novo pastor que tenta proteger toda a sua igreja e quer que ela fique cada vez maior. É fácil para Satanás vir e magoar muitos dos membros. No segundo jogo, vários líderes espirituais foram capazes de proteger os seus grupos pequenos. Por causa disto, Satanás e os seus demónios (os tigres) não conseguiram ferir as ovelhas com tanta facilidade."

"Jesus é o Bom Pastor. Deu a Sua vida pelas ovelhas. Nós, como pastores em espírito, devemos estar dispostos a dar as nossas 'vidas' – o nosso tempo, a nossa oração, a nossa atenção – àqueles que são as nossas ovelhas, àqueles que estão a contar connosco para aprender sobre Jesus. Só conseguimos ajudar um número limitado de pessoas de cada vez, certo? Só Jesus é omnipresente. Esta é outra razão por que devemos ensinar os outros a ensinar outros, para que haja mais pessoas para carregar os fardos uns dos outros e assim cumprir a lei de Cristo."

4

Rezar

Rezar apresenta Jesus como o Santo aos discentes. Viveu uma vida santa e morreu por nós na cruz. Deus manda-nos ser santos à medida que seguimos Jesus. Um santo adora a Deus, vive uma vida santa e reza pelos outros. Seguindo o exemplo de Jesus na oração, louvamos a Deus, arrependemo-nos dos nossos pecados, pedimos a Deus os bens de que necessitamos e rendemo-nos ao que nos pede para fazer.

Deus responde às nossas preces de uma de quatro formas; não (se pedirmos pelos motivos errados), devagar (se não for a altura certa), cresce (se precisarmos de desenvolver mais maturidade antes de Ele nos dar a resposta) ou vai (quando rezamos de acordo com a Sua Palavra e vontade). Os discentes memorizam o número de telefone de Deus, 3-3-3, baseado em Jr 33,3, e são encorajados a "ligar" para Deus todos os dias.

Louvor

- Peça a alguém para rezar pela presença e bênção de Deus.
- Cantem dois cânticos ou hinos em conjunto.

Oração

- Divida os discentes em pares com alguém com quem ainda não fizeram par.
- Cada discente diz ao parceiro a resposta às seguintes questões:

    1. Como podemos rezar para que as pessoas perdidas que conhece sejam salvas?
    2. Como podemos rezar pelo grupo que está a formar?

- Se um parceiro ainda não começou a formar ninguém, rezem por pessoas potenciais na sua esfera de influência que possam começar a formar.
- Os parceiros rezam juntos.

Estudo

Jogo do Telefone ☙

"Já jogaram ao jogo do telefone?"

- Explique que dirá algumas palavras à pessoa ao seu lado, e esta depois di-las-á à pessoa seguinte. Cada pessoa sussurra o que ouviu ao vizinho até a frase passar por todos.

- A última pessoa repetirá o que ouviu em voz alta. Você dirá a frase inicial e todos podem comparar as semelhanças entre as duas. Escolha uma frase um pouco ridícula e com várias partes. Jogue o jogo duas vezes.

"Ouvimos frequentemente muito sobre Deus, mas não falamos sempre com Ele directamente. No nosso jogo, se me questionassem o que disse, não teria sido difícil de entender. Porém, ouvindo a frase depois de passar por várias pessoas, era fácil cometer erros. A oração é muito importante na nossa vida espiritual porque é falar directamente com Deus."

Revisão

Todas as sessões de revisão são iguais. Peça aos discentes para se levantar e recitar as lições aprendidas anteriormente. Certifique-se de que também fazem os movimentos com as mãos.

Quais São Oito Imagens Que Nos Ajudam a Seguir Jesus?
Soldado, Procurador, Pastor, Semeador, Filho, Santo, Servo, Investidor

Multiplicar
Quais são três coisas que um investidor faz?
Qual foi a primeira ordem de Deus ao homem?
Qual foi a última ordem de Jesus ao homem?
Como posso ser fértil e multiplicar-me?
Quais são os dois mares situados em Israel?
Porque é que são tão diferentes?
Com qual se querem parecer?

Amar
Quais são três coisas que um pastor faz?
Qual é o mandamento mais importante para ensinar aos outros?
De onde vem o amor?
O que é a Adoração Simples?
Para que serve a Adoração Simples?
Quantas pessoas são precisas para haver Adoração Simples?

Como é Jesus?

–Lc 4,33-35– Encontrava-se na sinagoga um homem que tinha um espírito demoníaco, o qual se pôs a bradar em alta voz: «Ah! Que tens que ver connosco, Jesus de Nazaré? Vieste para nos arruinar? Sei quem Tu és: o Santo de Deus!» Jesus ordenou-lhe: «Cala-te e sai desse homem!» O demónio, arremessando o homem para o meio da assistência, saiu dele sem lhe fazer mal algum.

"Jesus é o Santo de Deus. É aquele a quem adoramos. Ele também intercede por nós perante o trono de Deus. Chama-nos para interceder em favor dos outros e viver uma vida santa ligados a Ele. Jesus é o Santo. Nós somos chamados à santidade."

Santo
 Coloque as mãos na posição típica de oração.

Quais São Três Coisas Que um Santo Faz?

–Mt 21,12-16– Jesus entrou no templo e expulsou dali todos os que nele vendiam e compravam. Derrubou as mesas dos cambistas e as bancas dos vendedores de pombas, dizendo-lhes: «Está escrito: A minha casa há-de chamar-se casa de oração,

mas vós fazeis dela um covil de ladrões.» Aproximaram-se dele, no templo, cegos e coxos, e Ele curou-os. Perante os prodígios que realizava e as crianças que gritavam no templo: «Hossana ao Filho de David», os sumos sacerdotes e os doutores da Lei ficaram indignados e disseram-lhe: «Ouves o que eles dizem?» Respondeu Jesus: «Sim. Nunca lestes: Da boca dos pequeninos e das crianças de peito fizeste sair o louvor perfeito?»

1. Os Santos adoram a Deus.

    "Temos de louvar a Deus como as crianças fizeram no templo."

2. Os Santos vivem uma vida santa.

    "Jesus não deixou que a casa de seu pai fosse poluída pela ganância."

3. Os Santos rezam pelos outros.

    "Jesus disse que a casa de Deus é uma casa de oração."

"Jesus é o Santo e vive em nós. À medida que O seguirmos, cresceremos em santidade como Seus santos. Adoraremos, viveremos uma vida santa e rezaremos pelos outros como Jesus fez."

Como Devemos Rezar?

–Lc 10,21– *Nesse mesmo instante, Jesus estremeceu de alegria sob a acção do Espírito Santo e disse: «Bendigo-te, ó Pai, Senhor do Céu e da Terra, porque escondeste estas coisas aos sábios e aos inteligentes e as revelaste aos pequeninos. Sim, Pai, porque assim foi do teu agrado.*

LOUVAR

"Jesus falou a Deus em oração, regozijando-se e dando graças pelo que Deus estava a fazer no mundo."

Louvar
 Mãos levantadas em adoração.

⊕

—Lc 18,10-14— «Dois homens subiram ao templo para orar: um era fariseu e o outro, cobrador de impostos. O fariseu, de pé, fazia interiormente esta oração: 'Ó Deus, dou-te graças por não ser como o resto dos homens, que são ladrões, injustos, adúlteros; nem como este cobrador de impostos. Jejuo duas vezes por semana e pago o dízimo de tudo quanto possuo.' O cobrador de impostos, mantendo-se à distância, nem sequer ousava levantar os olhos ao céu; mas batia no peito, dizendo: 'Ó Deus, tem piedade de mim, que sou pecador.' Digo-vos: Este voltou justificado para sua casa, e o outro não. Porque todo aquele que se exalta será humilhado, e quem se humilha será exaltado.»

ARREPENDER-SE

"Nesta história, Jesus contrasta dois homens que estavam a rezar. Quando o fariseu rezava, era orgulhoso e considerava-se acima dos 'pecadores'. Quando o cobrador de impostos rezava, humilhava-se perante Deus e confessava a sua condição de pecador. Jesus disse que o cobrador de impostos era aquele que agradava a Deus na oração."

"O arrependimento significa admitir o nosso pecado e não voltar a cometê-lo. Quem se arrepende é perdoado e agrada a Deus."

Arrepender-se
 As palmas das mãos estão para fora a tapar a face; a cabeça está virada para o lado.

—*Lc 11,9*— *Digo-vos, pois: Pedi e ser-vos-á dado; procurai e achareis; batei e [a porta] abrir-se-vos-á;*

PEDIR

"Depois de entrarmos na presença de Deus com o louvor e o arrependimento, estamos preparados para pedir a Deus as coisas de que necessitamos. Muitas pessoas começam as suas orações pedindo, mas isto é indelicado. O Pai Nosso ensina-nos a começar louvando o Pai (Mt 6,9) e depois pedindo."

Pedir
 Mãos em concha para receber.

—*Lc 22,42*— *«Pai, se quiseres, afasta de mim este cálice; contudo, não se faça a minha vontade, mas a tua.»*

RENDER-SE

"No Jardim de Getsémani, Jesus atormentou-se com a sua ida para a cruz. Apesar disso, disse: "Contudo, não se faça a minha vontade, mas a tua." Depois de pedirmos a Deus as coisas de que necessitamos, ouvimo-lo e rendemo-nos às coisas que ele pede de nós."

> Render-se – Deus pede-nos
> 🖐 Mãos na posição de oração e colocadas bem alto na testa para simbolizar respeito.

Rezar Juntos

- Oriente o grupo num dos tempos de oração usando as quatro partes de oração, uma secção de cada vez.
- Todas as pessoas do grupo rezam em voz alta durante as secções "Louvar" e "Pedir". Rezem em silêncio durante as secções "Arrepender-se" e "Render-se".

"Saberão quando acabou o tempo dessa secção quando eu disser: 'E todas as pessoas de Deus disseram… Ámen'."

- Encoraje os discentes a usar os movimentos com as mãos enquanto rezam para os ajudar a recordar que parte da adoração estão a praticar.

Como É Que Deus Nos Responderá?

—Mt 20,20-22— Aproximou-se então de Jesus a mãe dos filhos de Zebedeu, com os seus filhos, e prostrou-se diante dele para lhe fazer um pedido. «Que queres?» - perguntou-lhe Ele. Ela respondeu: «Ordena que estes meus dois filhos se sentem

um à tua direita e o outro à tua esquerda, no teu Reino.» Jesus retorquiu: «Não sabeis o que pedis. Podeis beber o cálice que Eu estou para beber?» Eles responderam: «Podemos.»

NÃO

"A mãe dos filhos de Zebedeu pediu a Jesus para dar aos seus filhos os lugares mais privilegiados do Seu reino. O orgulho e o poder motivaram-na. Jesus disse-lhe que não satisfaria o seu pedido pois só o Pai tinha essa autoridade. Deus diz 'não' quando pedimos pelos motivos errados."

    Não – Temos motivos errados.
     Abane a cabeça indicando "não".

–Jo 11,11-15– Depois de ter pronunciado estas palavras, acrescentou: «O nosso amigo Lázaro está a dormir, mas Eu vou lá acordá-lo.» Os discípulos disseram então: «Senhor, se ele dorme, vai curar-se!» Mas Jesus tinha falado da sua morte, ao passo que eles julgavam que falava do sono natural. Então, Jesus disse-lhes claramente: «Lázaro morreu; e Eu, por amor de vós, estou contente por não ter estado lá, para assim poderdes crer. Mas vamos ter com ele.»

DEVAGAR

"Jesus sabia que Lázaro estava doente, e podia ter chegado muito mais cedo e curado Lázaro. Porém, Jesus esperou até Lázaro estar morto pois queria fazer uma obra maior – uma ressuscitação. Jesus sabia que fortaleceria a fé dos discípulos e traria maior glória a Deus se Lázaro acordasse de novo. Às vezes temos de esperar porque não é a altura certa."

> Devagar – Temos de esperar pela altura de Deus e não a nossa.
> ✋ Movimente as mãos para baixo como que tentando parar um carro.

—Lc 9,51-56— Como estavam a chegar os dias de ser levado deste mundo, Jesus dirigiu-se resolutamente para Jerusalém e enviou mensageiros à sua frente. Estes puseram-se a caminho e entraram numa povoação de samaritanos, a fim de lhe prepararem hospedagem. Mas não o receberam, porque ia a caminho de Jerusalém. Vendo isto, os discípulos Tiago e João disseram: «Senhor, queres que digamos que desça fogo do céu e os consuma?» Mas Ele, voltando-se, repreendeu-os. E foram para outra povoação.

CRESCE

"Quando a povoação de samaritanos não recebeu Jesus, Tiago e João queriam que Ele destruísse toda a povoação com fogo. Os discípulos não compreendiam a missão de Jesus: Ele veio para salvar as pessoas, e não magoá-las. Os discípulos ainda tinham muito que crescer! De modo semelhante, quando pedimos a Deus coisas de que não precisamos verdadeiramente, ou que nos iriam causar problemas, ou que não combinam com a missão de Deus para as nossas vidas, Ele não as dá. Diz que precisamos de crescer."

Cresce – Deus quer que cresçamos de alguma forma antes.
✋ As mãos contornam uma planta a crescer.

⊕

–Jo 15,7– Se permanecerdes em mim e as minhas palavras permanecerem em vós, pedi o que quiserdes, e assim vos acontecerá.

VAI

"Quando seguimos Jesus e vivemos segundo as Suas palavras, podemos pedir a Deus as coisas de que necessitamos e ficar confiantes de que Ele as dará. Deus diz: "Sim! Vai! Podes tê-lo!"

Vai – Rezámos de acordo com a Sua vontade e Ele diz "sim".
✋ Abanar a cabeça, indicando "sim", e mexer as mãos para a frente, indicando "vai".

Versículo de Memorização

–Lc 11,9– Digo-vos, pois: Pedi e ser-vos-á dado; procurai e achareis; batei e [a porta] abrir-se-vos-á.

- Todas as pessoas levantam-se e dizem o versículo de memorização dez vezes em conjunto. Nas primeiras seis vezes, os discentes usam a Bíblia ou o guia da formação. Nas últimas quatro vezes, dizem o versículo de cor. Os discentes devem dizer sempre a referência do versículo antes de o citar e sentar-se quando acabarem.
- Isto ajudará os formadores a saber quem terminou a lição na secção "Prática".

Prática

- Para esta sessão, peça aos discentes para se sentarem de frente para o seu parceiro de oração. Os parceiros ensinam a lição um ao outro à vez.

   "A pessoa mais baixa do par será a líder."

- Siga o Processo de Formação de Formadores da página 23.
- Enfatize que quer que ensinem tudo o que está na secção "Estudo" exactamente da forma como o fez.

   "Façam as perguntas, leiam as Escrituras em conjunto e respondam às questões da mesma forma que fiz convosco."

- Depois de os discentes terem praticado formar-se um ao outro, diga-lhes para procurar outro parceiro e treinar de novo. Peça aos discentes para pensar em alguém fora da formação com quem partilharão esta lição.

   "Demorem alguns segundos a pensar numa pessoa fora desta formação a quem possam ensinar esta lição. Escrevam o nome dessa pessoa no topo da primeira página desta lição."

Final

O Número de Telefone de Deus ☙

"Sabem o número de telefone de Deus? É 3-3-3."

–Jr 33,3– 'Invoca-me, e Eu te responderei e te revelarei coisas grandes e misteriosas, que não conheces.'

"Certifique-se de que Lhe liga todos os dias. Ele está à espera do seu contacto e adora falar com os Seus filhos!"

Duas Mãos – Dez Dedos ෬

- Levante as duas mãos.

  "Há dois tipos de pessoas pelas quais devemos rezar todos os dias: crentes e descrentes."

  "Rezamos pelos crentes para que sigam Jesus e formem os outros para fazer o mesmo. Rezamos pelos descrentes para que recebam Cristo."

- Encoraje os discentes a escolher cinco pessoas que ainda não são crentes para contar na mão direita. Passem algum tempo a rezar para que elas se tornem seguidoras de Jesus.
- Na mão esquerda, os discentes devem incluir crentes que conhecem que poderão formar para seguir Jesus. Passem algum tempo a rezar para que estes crentes sigam Jesus com todo o seu coração.

5

Obedecer

Obedecer apresenta Jesus como um Servo aos discentes: os servos ajudam as pessoas, têm um coração humilde e obedecem ao seu senhor. Da mesma forma que Jesus serviu e seguiu o Seu Pai, nós agora servimos e seguimos Jesus. Como aquele com toda a autoridade, Ele deu-nos quatro ordens para obedecer: ir, fazer discípulos, baptizar e ensiná-los a obedecer a tudo o que Ele ordenou. Jesus também prometeu que estaria sempre connosco. Quando Jesus dá uma ordem, devemos obedecê-la sempre, imediatamente, e com um coração de amor.

As tempestades da vida acontecem a toda a gente, mas o homem sábio constrói a sua vida obedecendo às ordens de Jesus; o homem tolo não. Por último, os discentes começam um Mapa Act 29, uma imagem da sua messe, que apresentarão no final do Seminário de Discipulado.

Louvor

- Peça a alguém para rezar pela presença e bênção de Deus.
- Cantem dois cânticos ou hinos em conjunto.

Oração

- Divida os discentes em pares com alguém com quem ainda não fizeram par.
- Cada discente diz ao parceiro a resposta às seguintes questões:

    1. Como podemos rezar para que as pessoas perdidas que conhece sejam salvas?
    2. Como podemos rezar pelo grupo que está a formar?

- Se um parceiro ainda não começou a formar ninguém, rezem por pessoas potenciais na sua esfera de influência que possam começar a formar.
- Os parceiros rezam juntos.

Estudo

Façam o "Funk da Galinha"! ෲ

"Hoje vou fazer uma coisa que espero que nunca esqueçam. Ponham-se de pé em círculo e olhem para mim. Quero que imitem tudo o que eu fizer."

- Na primeira vez, demonstre movimentos com as mãos simples que todos consigam copiar. Os exemplos incluem bocejar, dar palmadinhas na bochecha, esfregar o cotovelo, etc. Faça-os de forma lenta e simples o suficiente para que todos os consigam fazer facilmente.

"Foi fácil acompanhar-me? Porquê ou porque não?"

"Foi fácil copiar-me porque fiz tudo de forma simples. Agora, quero que me voltem a copiar. Lembrem-se, façam tudo exactamente como eu fizer."

- Na segunda vez, demonstre movimentos que são uma combinação entre a dança Funk da Galinha, o John Travolta a dançar "disco" e o foxtrot.
- Invente a sua própria dança maluca e complicada que ninguém consiga copiar. Alguns tentarão imitá-lo, mas a maioria irá simplesmente rir-se e dizer que é impossível.

"Foi fácil acompanhar-me desta vez? Porquê ou porque não?"

"Estamos a ensinar-vos lições fáceis de reproduzir. Quando ensinamos as lições desta forma, vocês podem formar outras pessoas que formarão outras. Quando uma lição é demasiado complicada, as pessoas não a conseguem partilhar com os outros. Quando vocês estudam a forma como Jesus ensinou, descobrem que Ele partilhou lições simples que as pessoas conseguiam recordar e contar aos outros. Queremos seguir o método de Jesus quando formamos os outros."

Revisão

Todas as sessões de revisão são iguais. Peça aos discentes para se levantar e recitar as lições aprendidas anteriormente. Certifique-se de que também fazem os movimentos com as mãos.

Quais São Oito Imagens Que Nos Ajudam a Seguir Jesus?
Soldado, Procurador, Pastor, Semeador, Filho, Santo, Servo, Investidor

Multiplicar
Quais são três coisas que um investidor faz?
Qual foi a primeira ordem de Deus ao homem?
Qual foi a última ordem de Jesus ao homem?
Como posso ser fértil e multiplicar-me?
Quais são os dois mares situados em Israel?
Porque é que são tão diferentes?
Com qual se querem parecer?

Amar
Quais são três coisas que um pastor faz?
Qual é o mandamento mais importante para ensinar aos outros?
De onde vem o amor?
O que é a Adoração Simples?
Para que serve a Adoração Simples?
Quantas pessoas são precisas para haver Adoração Simples?

Rezar
Quais são três coisas que um santo faz?
Como devemos rezar?
Como é que Deus nos responderá?
Qual é o número de telefone de Deus?

Como é Jesus?

–Mc 10,45– *Pois também o Filho do Homem não veio para ser servido, mas para servir e dar a sua vida em resgate por todos.»*

"Jesus é um Servo. A paixão de Jesus foi servir o Seu Pai dando a Sua vida pela humanidade."

Servo
 Finja que martela.

Quais São Três Coisas que Um Servo Faz?

—Fl 2,5-8— Tende entre vós os mesmos sentimentos, que estão em Cristo Jesus: Ele, que é de condição divina, não considerou como uma usurpação ser igual a Deus; no entanto, esvaziou-se a si mesmo, tomando a condição de servo. Tornando-se semelhante aos homens e sendo, ao manifestar-se, identificado como homem, rebaixou-se a si mesmo, tornando-se obediente até à morte e morte de cruz.

1. Os servos ajudam os outros.

    "Jesus morreu na cruz para nos ajudar a regressar à família de Deus."

2. Os servos têm um coração humilde.
3. Os servos obedecem ao seu senhor.

    "Jesus obedeceu ao Pai. Nós temos de obedecer ao nosso senhor."

"Jesus ajudou-nos morrendo na cruz pelos nossos pecados. Ele rebaixou-Se e procurou sempre obedecer ao Seu Pai. Jesus é um servo e vive em nós. Conforme O seguirmos, também seremos servos. Ajudaremos os outros, teremos um coração humilde e obedeceremos ao nosso senhor – Jesus."

Quem Tem Mais Poder No Mundo?

—Mt 28,18— Aproximando-se deles, Jesus disse-lhes: "Foi-me dado todo o poder no Céu e na Terra."

"Jesus tem todo o poder no Céu e na Terra. Tem mais autoridade do que os nossos pais, professores e oficiais do governo. Na verdade, tem mais autoridade e poder do que todas as pessoas da Terra juntas. Como tem todo o poder, quando Ele nos dá uma ordem, devemos obedecer-Lhe primeiro do que a qualquer outra pessoa."

Quais São Quatro Ordens que Jesus Deu a Todos os Crentes?

—Mt 28:19-20a— *Ide, pois, fazei discípulos de todos os povos, baptizando-os em nome do Pai, do Filho e do Espírito Santo, ensinando-os a cumprir tudo quanto vos tenho mandado.*

IR

Mova os dedos para a frente, "caminhando".

FAZER DISCÍPULOS

Use os quatro movimentos com as mãos da Adoração Simples: louvor, oração, estudo e prática.

BAPTIZÁ-LOS

Coloque a mão no cotovelo do outro braço; mova o cotovelo para cima e para baixo como que alguém esteja a ser baptizado.

ENSINÁ-LOS A OBEDECER ÀS SUAS ORDENS

🖐 Ponha as mãos juntas como que esteja a ler um livro e depois movimente o "livro" para trás e para a frente da esquerda para a direita como que esteja a ensinar pessoas.

Como Devemos Obedecer a Jesus?

"Quero partilhar convosco três histórias que ilustram o tipo de obediência que Deus deseja de nós. Por favor, ouçam com atenção para que as possam contar quando ensinarem a lição ao vosso parceiro daqui a alguns minutos."

SEMPRE

"Um filho disse ao pai que lhe obedeceria todos os meses do ano menos um. Durante esse mês, ele faria tudo o que quisesse (beber álcool, não ir à escola, etc.). O que pensam que o pai disse?"

"O mesmo rapaz disse ao pai: 'Obedecer-te-ei todas as semanas do ano, mas durante uma semana farei tudo o que desejar.' (Consumir drogas, fugir de casa, etc.) O que pensam que o pai disse?"

"Então, o rapaz disse: 'Obedecer-te-ei todos os dias do ano, excepto num. Nesse único dia farei tudo o que quiser.' (Casar, matar alguém, etc.) O que pensam que o pai disse?"

"Esperamos que os nossos filhos obedeçam sempre. Da mesma forma, quando Jesus nos dá uma ordem, espera que Lhe obedeçamos sempre."

Sempre

Mova a mão direita do seu lado esquerdo para o direito.

IMEDIATAMENTE

"Havia uma rapariga que amava muito a mãe. A mãe ficou muito doente e estava prestes a morrer. A mãe pediu à filha: 'Por favor, vai-me buscar um copo de água.' A filha disse: 'Sim, vou... (pequena pausa) na próxima semana.' O que pensam que a mãe disse?"

"Esperamos que os nossos filhos obedeçam imediatamente, e não segundo a sua conveniência. Da mesma forma, quando Jesus nos dá uma ordem, Ele espera que nós Lhe obedeçamos imediatamente, e não num momento futuro."

Imediatamente

Mova as mãos de cima para baixo num movimento cortante.

COM UM CORAÇÃO DE AMOR

"Havia um jovem rapaz que queria casar. Disse-lhe que faria um robô que obedecesse a todas as suas ordens. Quando ele regressasse a casa do trabalho, o robô diria: 'Amo-te tanto; és muito trabalhador.' Se ele pedisse à sua mulher robô para fazer qualquer coisa, ela diria sempre: 'Sim, querido. És o melhor homem do mundo.' O que acham que o meu amigo pensaria sobre uma mulher deste género? (Imite um robô quando disser as falas do robô.)"

"Queremos que o amor venha de um coração verdadeiro, e não de um robô programado. Queremos amor verdadeiro. Da mesma forma, Deus quer que obedeçamos com um coração de amor."

> Com um coração de amor
> ✋ Cruze as mãos sobre o peito e depois levante-as em louvor a Deus.

- Reveja os três movimentos com as mãos várias vezes:

"Jesus quer que Lhe obedeçamos: sempre, imediatamente e com um coração de amor."

"Jesus deu quatro ordens a todos os crentes. Como devemos obedecer?"

ELE MANDOU-NOS IR.

> ✋ Mova os dedos para a frente, "caminhando".

COMO DEVEMOS OBEDECER?

"Sempre, imediatamente e com um coração de amor."

ELE MANDOU-NOS FAZER DISCÍPULOS.

> ✋ Use os quatro movimentos com as mãos da Adoração Simples: louvor, oração, estudo e prática.

COMO DEVEMOS OBEDECER?

"Sempre, imediatamente e com um coração de amor."

ELE MANDOU-NOS BAPTIZAR.

> ✋ Coloque o cotovelo direito na palma da mão esquerda. Empurre o braço direito para trás e depois para cima.

COMO DEVEMOS OBEDECER?

"Sempre, imediatamente e com um coração de amor."

ELE MANDOU-NOS ENSINÁ-LOS A OBEDECER ÀS SUAS ORDENS.

> ✋ Ponha as mãos juntas como que esteja a ler um livro e depois movimente o "livro" para trás e para a frente em semicírculo como que esteja a ensinar pessoas.

COMO DEVEMOS OBEDECER?

"Sempre, imediatamente e com um coração de amor."

O Que É Que Jesus Prometeu a Todos os Crentes?

—Mt 28,20b— E sabei que Eu estarei sempre convosco até ao fim dos tempos.

"Jesus está sempre connosco. Ele está connosco aqui, agora."

Versículo de Memorização

> *–Jo 15,10– Se guardardes os meus mandamentos, permanecereis no meu amor, assim como Eu, que tenho guardado os mandamentos do meu Pai, também permaneço no seu amor.*

- Todas as pessoas levantam-se e dizem o versículo de memorização dez vezes em conjunto. Nas primeiras seis vezes, os discentes usam a Bíblia ou o guia da formação. Nas últimas quatro vezes, dizem o versículo de cor. Os discentes devem dizer sempre a referência do versículo antes de o citar e sentar-se quando acabarem.
- Isto ajudará os formadores a saber quem terminou a lição na secção "Prática".

PRÁTICA

- Para esta sessão, peça aos discentes para se sentarem de frente para o seu parceiro de oração. Os parceiros ensinam a lição um ao outro à vez.

"A pessoa *mais alta* do par será a líder."

- Siga o *Processo de Formação de Formadores* da página 23.
- Enfatize que quer que ensinem tudo o que está na secção "Estudo" exactamente da forma como o fez.

"Façam as perguntas, leiam as Escrituras em conjunto e respondam às questões da mesma forma que fiz convosco."

- Depois de os discentes terem praticado formar-se um ao outro, diga-lhes para procurar outro parceiro e treinar de novo. Peça aos discentes para pensar em alguém fora da formação com quem partilharão esta lição.

"Demorem alguns segundos a pensar numa pessoa fora desta formação a quem possam ensinar esta lição. Escrevam o nome dessa pessoa no topo da primeira página desta lição."

FINAL

Fundar os Verdadeiros Alicerces ∞

- Peça três voluntários para a próxima encenação: dois para fazer a encenação e um para ser o narrador. Coloque os dois voluntários à sua frente e o narrador de lado. Os dois voluntários que farão a encenação devem ser homens.
- Peça ao narrador para ler Mt 7,24-25.

"O homem prudente edificou a sua casa sobre a rocha."

> – Mt 7,24-25– *Todo aquele que escuta estas minhas palavras e as põe em prática é como o homem prudente que edificou a sua casa sobre a rocha. Caiu a chuva, engrossaram os rios, sopraram os ventos contra aquela casa; mas não caiu, porque estava fundada sobre a rocha.*

- Depois de o narrador ler a passagem, explique o que aconteceu ao homem prudente, imitando o som do vento enquanto deita água sobre a cabeça do primeiro voluntário.
- Esconda a garrafa de água perto antes da encenação.
- Peça ao narrador para ler Mt 7,26-27.

"O homem insensato edificou a sua casa sobre a areia."

—Mt 7,26-27— Porém, todo aquele que escuta estas minhas palavras e não as põe em prática poderá comparar-se ao insensato que edificou a sua casa sobre a areia. Caiu a chuva, engrossaram os rios, sopraram os ventos contra aquela casa; ela desmoronou-se, e grande foi a sua ruína.

- Depois da narração, explique o que aconteceu ao homem insensato, imitando o som do vento enquanto deita água sobre a cabeça do segundo voluntário. Este deve cair no final da encenação quando você disser: "E grande foi a sua ruína."

"Quando obedecemos às ordens de Jesus, somos como o homem prudente. Quando não obedecemos, somos como o homem insensato. Queremos certificar-nos de que as pessoas que estamos a formar fundam a sua vida na obediência às ordens de Jesus. A Sua palavra é um alicerce sólido perante as dificuldades da vida."

Mapa Act 29 - Parte 1 ⍟

- Depois da encenação "verdadeiros alicerces", dê a cada discente uma folha de papel de poster, canetas, lápis, lápis de cor, lápis de cera, marcadores, etc.
- Explique que todos irão fazer um mapa do lugar para onde Deus os chamou. Terão várias oportunidades para trabalhar no seu mapa durante a formação. Também podem trabalhar nele à noite. Este mapa representa a sua obediência à ordem de Jesus de ir por todo o mundo.
- Peça aos discentes para desenhar um mapa do lugar para onde Deus os chamou. O mapa deve incluir estradas, rios, montanhas, pontos de referência, etc. Se os discentes não souberem para onde Deus os está a chamar, encoraje-os a desenhar um mapa que inclua o lugar onde moram

e trabalham, assim como o lugar onde vivam pessoas importantes para eles. Este é um óptimo ponto de partida.

Símbolos do Mapa Possíveis

Casa
Hospital/Clínica
Templo
Igreja
Assembleia Cristã
Base Militar
Mesquita
Escola
Mercado

Os discentes têm tendência para criar mapas melhores quando...

- Fazem primeiro um rascunho e depois o copiam para uma folha de papel limpa.
- Arranjam ideias novas caminhando pela sala e vendo o que os outros estão a fazer nos seus mapas.
- Sabem que apresentarão o mapa ao grupo no final da formação.
- Usam lápis de cera ou de cor para tornar o mapa mais colorido.

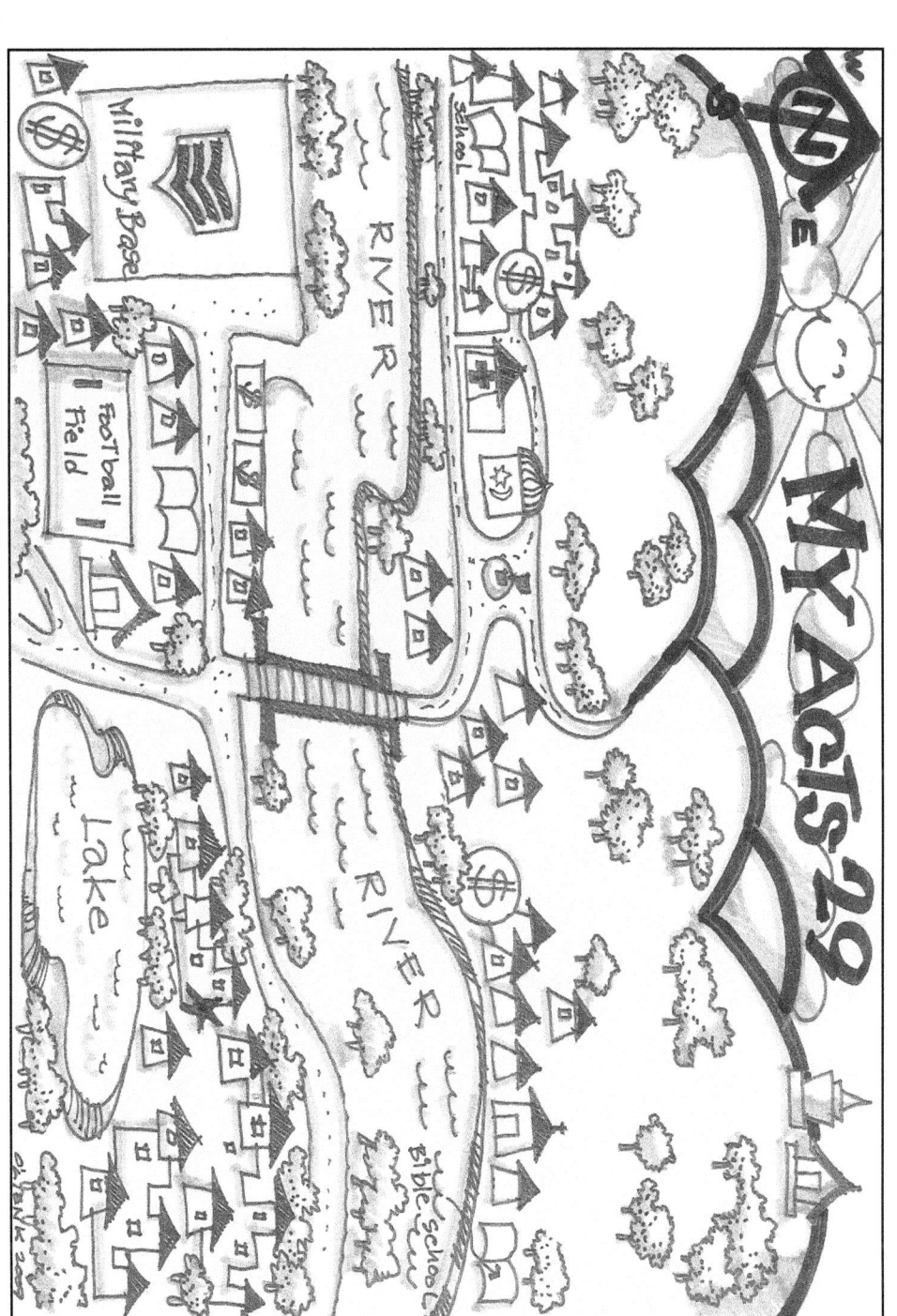

6

Caminhar

Caminhar apresenta Jesus como Filho aos discentes: um filho honra o pai, deseja unidade e quer que a família seja bem-sucedida. O Pai chamou a Jesus "muito amado" e o Espírito Santo desceu sobre Ele no Seu baptismo. Jesus foi bem-sucedido no Seu ministério porque Ele dependia da força do Espírito Santo.

Da mesma forma, temos de depender da força do Espírito Santo nas nossas vidas. Temos quatro ordens para obedecer no que diz respeito ao Espírito Santo: caminhar no Espírito, não ofender o Espírito, deixar-se encher do Espírito e não apagar o Espírito. Jesus está connosco hoje e quer ajudar-nos como ajudou as pessoas nas ruas da Galileia. Podemos chamar Jesus se precisarmos de cura para qualquer coisa que nos esteja a impedir de O seguir.

Louvor

- Peça a alguém para rezar pela presença e bênção de Deus.
- Cantem dois cânticos ou hinos em conjunto.

Oração

- Divida os discentes em pares com alguém com quem ainda não fizeram par.
- Cada discente diz ao parceiro a resposta às seguintes questões:

    1. Como podemos rezar para que as pessoas perdidas que conhece sejam salvas?
    2. Como podemos rezar pelo grupo que está a formar?

- Se um parceiro ainda não começou a formar ninguém, rezem por pessoas potenciais na sua esfera de influência que possam começar a formar.
- Os parceiros rezam juntos.

Estudo

Sem Gasolina ∞

"O que é que pensariam se eu empurrasse a minha mota para todo o lado e nunca enchesse o tanque com gasolina?"

- Peça um voluntário. Ele será a sua "motocicleta". Empurre a sua "mota" para o trabalho, para a escola, para o mercado e para visitar amigos. Na casa do seu amigo, ele pede para ir consigo na sua "mota". Deixe-o subir para cima dela e empurre-o também. Demonstre o quão exaustivo isto seria.

"Obviamente, é muito melhor quando põe gasolina na sua mota. Consegue fazer todas estas coisas muito mais facilmente."

- Rode a chave e carregue no pedal de arranque da "mota". Certifique-se de que esta faz o barulho de uma motocicleta.
- Pode ter de parar e "arranjar" a mota várias vezes, se deixar de fazer barulho. Faça todas as coisas que fez antes, mas agora é fácil porque não tem de empurrar a mota. Quando os amigos lhe pedem boleia, deixe-os subir para cima da mota e diga: "Não há problema. Agora tenho força que chegue."

"A motocicleta é como a nossa vida espiritual. Muitas pessoas 'empurram' a sua vida espiritual de um lado para o outro, dependendo da sua própria força. Consequentemente, a sua caminhada cristã é difícil, e querem desistir. Outras pessoas já descobriram a força do Espírito Santo nas suas vidas. O Espírito Santo é como gasolina na mota. Dá-nos a força de que precisamos para fazer tudo o que Jesus ordenar."

Revisão

Todas as sessões de revisão são iguais. Peça aos discentes para se levantar e recitar as lições aprendidas anteriormente. Certifique-se de que também fazem os movimentos com as mãos.

Quais São Oito Imagens Que Nos Ajudam a Seguir Jesus?
Soldado, Procurador, Pastor, Semeador, Filho, Santo, Servo, Investidor

Multiplicar
Quais são três coisas que um investidor faz?
Qual foi a primeira ordem de Deus ao homem?
Qual foi a última ordem de Jesus ao homem?
Como posso ser fértil e multiplicar-me?
Quais são os dois mares situados em Israel?
Porque é que são tão diferentes?
Com qual se querem parecer?

Amar
*Quais são três coisas que um pastor faz?
Qual é o mandamento mais importante para ensinar aos outros?
De onde vem o amor?
O que é a Adoração Simples?
Para que serve a Adoração Simples?
Quantas pessoas são precisas para haver Adoração Simples?*

Rezar
*Quais são três coisas que um santo faz?
Como devemos rezar?
Como é que Deus nos responderá?
Qual é o número de telefone de Deus?*

Obedecer
*Quais são três coisas que um servo faz?
Quem tem mais poder no mundo?
Quais são quatro ordens que Jesus deu a todos os crentes?
Como devemos obedecer a Jesus?
O que é que Jesus nos prometeu?*

Como é Jesus?

—Mt 3,16-17— *Uma vez baptizado, Jesus saiu da água e eis que se rasgaram os céus, e viu o Espírito de Deus descer como uma pomba e vir sobre Ele. E uma voz vinda do Céu dizia: «Este é o meu Filho muito amado, no qual pus todo o meu agrado.»*

"Jesus é um Filho. 'Filho do Homem' era a descrição preferida de Jesus para Ele mesmo. Foi o primeiro a chamar ao Deus eterno 'Pai'. Por causa da Sua ressurreição, agora também podemos fazer parte da família de Deus."

Filho/a

 Mova as mãos na direcção da boca como que esteja a comer. Os filhos comem muito!

Quais São Três Coisas que Um Filho Faz?

—Jo 17,4.18-21— [Jesus disse] Eu manifestei a tua glória na Terra, levando a cabo a obra que me deste a realizar. Assim como Tu me enviaste ao mundo, também Eu os enviei ao mundo, e por eles totalmente me entrego, para que também eles fiquem a ser teus inteiramente, por meio da Verdade. Não rogo só por eles, mas também por aqueles que hão-de crer em mim, por meio da sua palavra, para que todos sejam um só, como Tu, Pai, estás em mim e Eu em ti; para que assim eles estejam em Nós e o mundo creia que Tu me enviaste.

1. Os filhos honram o seu pai.

   Jesus manifestou a glória do Seu Pai enquanto estava na Terra.

2. Os filhos querem unidade na família.

   Jesus quer que os Seus seguidores sejam um só, tal como Ele e o Seu Pai são um só.

3. Os filhos querem que a família seja bem-sucedida.

   Tal como Deus enviou Jesus ao mundo para ser bem-sucedido, também Jesus nos envia a nós para sermos bem-sucedidos.

"Jesus é um filho e vive em nós. À medida que O seguirmos, seremos filhos e filhas. Honraremos o nosso Pai Celestial, desejaremos unidade na família de Deus e trabalharemos para o sucesso do Reino de Deus."

Porque É que O Ministério de Jesus Foi Bem-Sucedido?

—Lc 4,14— (depois de ser tentado) Impelido pelo Espírito, Jesus voltou para a Galileia e a sua fama propagou-se por toda a região.

"O Espírito Santo deu a Jesus a força para ser bem-sucedido. Jesus pregou com a força do Espírito, e não com as Suas próprias forças. Quando seguimos Jesus, copiamos a forma como Ele pregava. Jesus dependia continuamente do Espírito Santo. Se Jesus tinha de depender do Espírito Santo, nós temos de depender muito mais!"

O que É que Jesus Prometeu aos Crentes Sobre o Espírito Santo Antes da Cruz?

—Jo 14,16-18— E Eu apelarei ao Pai e Ele vos dará outro Paráclito para que esteja sempre convosco, o Espírito da Verdade, que o mundo não pode receber, porque não o vê nem o conhece; vós é que o conheceis, porque permanece junto de vós, e está em vós. Não vos deixarei órfãos; Eu voltarei a vós!

1. Ele dar-nos-á o Espírito Santo.
2. O Espírito Santo estará sempre connosco.
3. O Espírito Santo estará em nós.
4. Faremos sempre parte da família de Deus.

"Fazemos parte da Sua família porque o Espírito Santo vive em nós."

O que É que Jesus Prometeu aos Crentes Sobre o Espírito Santo Depois da Sua Ressurreição?

—Act 1,8— Mas ides receber uma força, a do Espírito Santo, que descerá sobre vós, e sereis minhas testemunhas em Jerusalém, por toda a Judeia e Samaria e até aos confins do mundo.

"O Espírito Santo dar-nos-á força quando descer sobre nós."

Quais São Quatro Ordens a Obedecer Com Respeito ao Espírito Santo?

—Gl 5,16— Mas eu digo-vos: caminhai no Espírito, e não realizareis os apetites carnais.

CAMINHAR NO ESPÍRITO

- Escolha um voluntário. Os pares devem ser homem/homem ou mulher/mulher e não mistos. (Faça-o desta forma a não ser que seja culturalmente apropriado que homens e mulheres façam encenações juntos.)

  "Eu e o meu parceiro vamos mostrar-vos algumas verdades sobre caminhar com o Espírito de Deus. Nesta encenação, eu sou eu mesmo e o meu parceiro é o Espírito Santo. A Bíblia diz: 'Caminhai no Espírito'."

- Demonstre "caminhar no Espírito" com o seu parceiro. Deixe o seu parceiro ser o "Espírito Santo". Vocês caminham juntos de mãos dadas, ombro com ombro, e falam juntos. Quando o Espírito Santo quiser ir para algum lado, vá com ele/a. Porém, por vezes tente afastar-se do lugar para onde o Espírito Santo está a ir. Mantenha-se ligado ao seu parceiro porque o Espírito Santo nunca nos deixa. Debatam-se porque ele vai para um lado e você vai para o outro.

"Devemos percorrer o caminho que o Espírito Santo deseja e não o nosso. Por vezes queremos seguir o nosso próprio caminho, e isto causa problemas espirituais e um grande conflito no nosso coração."

Caminhar no Espírito
 "Caminhe" com os dedos das duas mãos.

–Ef 4,30– E não ofendais o Espírito Santo de Deus, selo com o qual fostes marcados para o dia da redenção.

NÃO OFENDER O ESPÍRITO

"A Bíblia diz: 'Não ofendais o Espírito Santo'. O Espírito Santo tem sentimentos e podemos entristece-Lo."

- Caminhe pela sala com o Espírito Santo (o seu parceiro) e comece a fofocar sobre alguém do grupo. Quando faz isto, o Espírito Santo começa a ficar ofendido. Finja que antagoniza um dos discentes e o Espírito Santo volta a ficar ofendido.

"Tenham cuidado com a forma como vivem a vossa vida, porque o Espírito Santo está em vocês e pode ficar ofendido. Podemos entristecer o Espírito Santo com o que fazemos ou dizemos."

> Não ofender o Espírito.
> ✋ Esfregue os olhos como que esteja a chorar e depois abane a cabeça em sinal de negação.

―Ef 5,18― *E não vos embriagueis com vinho, que leva à vida desregrada, mas deixai-vos encher do Espírito.*

DEIXAR-SE ENCHER DO ESPÍRITO

"A Bíblia diz: 'Deixai-vos encher do Espírito'. Isto significa que precisamos do Espírito em todas as partes das nossas vidas e em todas as partes do dia."

"Quando recebemos Cristo, recebemos todo o Espírito Santo que teremos na Terra. Não é possível ter 'mais' Espírito Santo. Porém, é possível que o Espírito Santo tenha 'mais' de nós! Todos os dias escolhemos quanto das nossas vidas Ele encherá. Esta ordem é para Ele encher todas as partes das nossas vidas."

> Deixar-se encher do Espírito.
> ✋ Faça um movimento fluido com as duas mãos desde os pés até ao topo da cabeça.

―1Ts 5,19― *Não apagueis o Espírito.*

NÃO APAGAR O ESPÍRITO

"A Bíblia diz: 'Não apagueis o Espírito'. Isto significa que não devemos tentar impedir o Seu trabalho nas nossas vidas."

- Caminhe pela sala com o Espírito Santo (o seu parceiro) e diga ao grupo que o Espírito Santo quer que dê testemunho a um dos discentes. Recuse-se a testemunhar, dê uma desculpa e siga o seu caminho. O Espírito Santo pede-lhe para rezar por uma pessoa doente, mas você recusa, dá uma desculpa e segue um caminho diferente.

"Atrapalhamos muitas vezes o trabalho de Deus dando desculpas e fazendo o que queremos em vez de seguir a orientação do Espírito Santo. Podemos apagar o Espírito Santo com o que não fazemos ou não dizemos. É como se estivéssemos a tentar apagar o fogo do Espírito Santo nas nossas vidas."

Não apagar o Espírito.
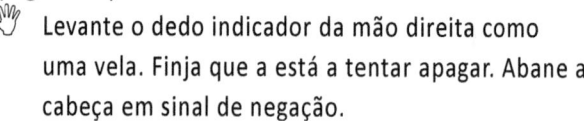 Levante o dedo indicador da mão direita como uma vela. Finja que a está a tentar apagar. Abane a cabeça em sinal de negação.

Versículo de Memorização

–Jo 7,37.38– Quem crê em mim que sacie a sua sede! Como diz a Escritura, hão-de correr do seu coração rios de água viva.

- Todas as pessoas levantam-se e dizem o versículo de memorização dez vezes em conjunto. Nas primeiras seis

vezes, os discentes usam a Bíblia ou o guia da formação. Nas últimas quatro vezes, dizem o versículo de cor. Os discentes devem dizer sempre a referência do versículo antes de o citar e sentar-se quando acabarem.
- Isto ajudará os formadores a saber quem terminou a lição na secção "Prática".

Prática

- Para esta sessão, peça aos discentes para se sentarem de frente para o seu parceiro de oração. Os parceiros ensinam a lição um ao outro à vez.

"A pessoa *que mora mais longe do local do encontro* do par será a líder."

- Siga o *Processo de Formação de Formadores* da página 23.
- Enfatize que quer que ensinem tudo o que está na secção "Estudo" exactamente da forma como o fez.

"Façam as perguntas, leiam as Escrituras em conjunto e respondam às questões da mesma forma que fiz convosco."

- Depois de os discentes terem praticado formar-se um ao outro, diga-lhes para procurar outro parceiro e treinar de novo. Peça aos discentes para pensar em alguém fora da formação com quem partilharão esta lição.

"Demorem alguns segundos a pensar numa pessoa fora desta formação a quem possam ensinar esta lição. Escrevam o nome dessa pessoa no topo da primeira página desta lição."

Final

Este é um momento de ministério importante. Se não tiver muito tempo, pode querer dar esta secção no início da próxima lição ou fazê-la noutra altura. Também pode usar esta secção se o seu grupo quiser ter um tempo de orações à noite num ambiente de seminário.

Jesus Está Aqui ⌘

–Heb 13,8– Jesus Cristo é o mesmo, ontem, hoje e pelos séculos.

–Mt 15,30-31– Vieram ter com Ele numerosas multidões, transportando coxos, cegos, aleijados, mudos e muitos outros, que lançavam a seus pés. Ele curou-os, de modo que as multidões ficaram maravilhadas ao ver os mudos a falar, os aleijados escorreitos, os coxos a andar e os cegos com vista. E davam glória ao Deus de Israel.

–Jo 10,10– O ladrão não vem senão para roubar, matar e destruir. Eu vim para que tenham vida e a tenham em abundância.

"Em Heb 13,8, a Bíblia diz que Jesus é o mesmo ontem, hoje e pelos séculos."

"Em Mt 15,30, a Bíblia diz que Jesus curou muitas pessoas com muitos problemas diferentes."

"Em Jo 10,10, a Bíblia diz que Satanás vem para matar, roubar e destruir, mas Jesus veio para nos dar vida abundante."

"Na verdade, sabemos que Jesus está aqui connosco agora. Se houver alguma parte da vossa vida que precise de cura, Ele quer curá-la agora tal como fez em Mt 15. Satanás quer matar-vos e roubar-vos; Jesus quer dar-vos vida abundante."

"Talvez se identifiquem espiritualmente com alguém da passagem Mt 15,30."

"A vossa caminhada com Jesus está forte, ou Satanás tornou-vos coxos?"

🖐 Coxeie de um lado para o outro.

"Jesus está aqui. Peçam-lhe e Ele curar-vos-á para que possam voltar a caminhar com Ele."

"Conseguem ver onde Deus está a trabalhar, ou Satanás cegou os vossos olhos com desencorajamento?"

🖐 Tape os olhos.

"Jesus está aqui. Peçam-lhe e Ele curar-vos-á para que possam voltar a ver onde Ele está trabalhar."

"Estão a partilhar a boa nova de Jesus com todos os que vos rodeiam, ou estão mudos?"

🖐 Tape a boca.

"Jesus está aqui. Peçam-lhe e Ele curar-vos-á para que possam voltar a falar Dele com audácia."

"Estão a ajudar os outros, ou Satanás magoou-vos tanto que já não conseguem dar?"

Segure o braço como que esteja ferido e numa faixa.

"Jesus está aqui. Peçam-lhe e Ele curar-vos-á para que possam pôr o passado para trás das costas e voltar a caminhar com Ele."

"Têm algum problema na vossa vida que vos esteja a impedir de seguir Jesus com todo o vosso coração?"

"Qualquer que seja a vossa aflição, Jesus está aqui agora e pode curar-vos. Chamem Jesus, deixem-No curar-vos e tragam grande glória a Deus!"

- Peça aos parceiros para rezar um pelo outro, pedindo a Jesus para lhes curar tudo o que os esteja a impedir de O seguir com todo o seu coração.

7

Ir

Ir apresenta Jesus como um Procurador: os procuradores procuram novos lugares, pessoas perdidas e novas oportunidades. Como é que Jesus decidiu para onde ir ministrar? Não foi Ele que decidiu; Jesus procurou ver onde Deus estava a trabalhar; juntou-se a Deus; e sabia que Deus o amava e Lhe mostraria o que faz. Como devemos decidir onde ministrar?—da mesma forma que Jesus fez.

Onde é que Deus está a trabalhar? Ele está a trabalhar entre os pobres, cativos, doentes e oprimidos. Outro lugar onde Deus está a trabalhar é nas nossas famílias. Ele quer salvar toda a nossa família. Os discentes localizam pessoas e lugares onde Deus está a trabalhar no seu Mapa Act 29.

Louvor

- Peça a alguém para rezar pela presença e bênção de Deus.
- Cantem dois cânticos ou hinos em conjunto.

Oração

- Divida os discentes em pares com alguém com quem ainda não fizeram par.
- Cada discente diz ao parceiro a resposta às seguintes questões:

    1. Como podemos rezar para que as pessoas perdidas que conhece sejam salvas?
    2. Como podemos rezar pelo grupo que está a formar?

- Se um parceiro ainda não começou a formar ninguém, rezem por pessoas potenciais na sua esfera de influência que possam começar a formar.
- Os parceiros rezam juntos.

Estudo

Revisão

Todas as sessões de revisão são iguais. Peça aos discentes para se levantar e recitar lições aprendidas anteriormente. Certifique-se de que também fazem os movimentos com as mãos. Reveja as últimas quatro lições.

Quais São Oito Imagens Que Nos Ajudam a Seguir Jesus?
Soldado, Procurador, Pastor, Semeador, Filho, Santo, Servo, Investidor

Amar
Quais são três coisas que um pastor faz?
Qual é o mandamento mais importante para ensinar aos outros?
De onde vem o amor?
O que é a Adoração Simples?

Para que serve a Adoração Simples?
Quantas pessoas são precisas para haver Adoração Simples?

Rezar
Quais são três coisas que um santo faz?
Como devemos rezar?
Como é que Deus nos responderá?
Qual é o número de telefone de Deus?

Obedecer
Quais são três coisas que um servo faz?
Quem tem mais poder no mundo?
Quais são quatro ordens que Jesus deu a todos os crentes?
Como devemos obedecer a Jesus?
Qual é a promessa que Jesus fez a todos os crentes?

Caminhar
Quais são três coisas que um filho faz?
Qual foi a fonte da força do ministério de Jesus?
O que é que Jesus prometeu aos crentes sobre o Espírito Santo antes da cruz?
O que é que Jesus prometeu aos crentes sobre o Espírito Santo depois da Sua ressurreição?
Quais são quatro ordens a seguir sobre o Espírito Santo?

Como é Jesus?

—Lc 19,10– Pois, o Filho do Homem veio procurar e salvar o que estava perdido.

"Jesus é um Procurador. Ele procurou pessoas perdidas. Jesus também procurou primeiro a vontade de Deus e o reino de Deus na Sua vida."

Procurador
 Olhe de um lado para o outro com uma mão em cima dos olhos.

Quais São Três Coisas que Um Procurador Faz?

—Mc 1,37.38– E, tendo-o encontrado, disseram-lhe: «Todos te procuram.» Mas Ele respondeu-lhes: «Vamos para outra parte, para as aldeias vizinhas, a fim de pregar aí, pois foi para isso que Eu vim.»

1. Os procuradores gostam de encontrar lugares novos.
2. Os procuradores gostam de encontrar pessoas perdidas.
3. Os procuradores gostam de encontrar novas oportunidades.

"Jesus é um procurador e vive em nós. À medida que O seguirmos, também seremos procuradores."

Como É que Jesus Decidiu Onde Ministrar?

—Jo 5:19.20– Jesus tomou, pois, a palavra e começou a dizer-lhes: 'Em verdade, em verdade vos digo: o Filho, por si mesmo, não pode fazer nada, senão o que vir fazer ao Pai, pois aquilo que este faz também o faz igualmente o Filho. De facto, o Pai ama o Filho e mostra-lhe tudo o que Ele mesmo faz; e há-de mostrar-lhe obras maiores do que estas, de modo que ficareis assombrados.'

"Jesus disse: 'Eu não faço nada sozinho'."

🖐 Ponha uma mão sobre o coração e abane a cabeça indicando 'não'.

"Jesus disse: 'Eu procuro ver onde Deus está a trabalhar'."

🖐 Ponha uma mão em cima dos olhos; procure à esquerda e à direita.

"Jesus disse: 'Onde Ele está a trabalhar, eu junto-me a Ele'."

🖐 Aponte para um lugar à sua frente e abane a cabeça indicando 'sim'.

"Jesus disse: 'E sei que Ele me ama e mostrar-me-á o que faz'."

🖐 Levante as mãos para cima em louvor e depois cruze-as sobre o coração.

Como Devemos Decidir Onde Ministrar?

—1 Jo 2,5.6— Ao passo que quem guarda a sua palavra, nesse é que o amor de Deus é verdadeiramente perfeito; por isto reconhecemos que estamos nele. Quem diz que permanece em Deus também deve caminhar como [Jesus] caminhou.

"Decidimos onde ministrar da mesma forma que Jesus fez:"

"Não faço nada sozinho."

🖐 Ponha uma mão sobre o coração e abane a cabeça indicando 'não'.

"Procuro ver onde Deus está a trabalhar."

> ✋ Ponha uma mão em cima dos olhos; procure à esquerda e à direita.

"Onde Ele está a trabalhar, eu junto-me a Ele."

> ✋ Aponte para um lugar à sua frente e abane a cabeça indicando 'sim'.

"E sei que Ele me ama e mostrar-me-á o que faz."

> ✋ Levante as mãos para cima em louvor e depois cruze-as sobre o coração.

Como Podemos Saber se Deus Está a Trabalhar?

—Jo 6,44— Ninguém pode vir a mim, se o Pai que me enviou o não atrair; e Eu hei-de ressuscitá-lo no último dia.

"Sabem que Deus está a trabalhar se alguém estiver interessado em aprender mais sobre Jesus. Jo 6,44 diz que só Deus pode atrair pessoas para Ele. Nós fazemos perguntas, semeamos sementes espirituais e vemos se há uma resposta. Se responderem, sabemos que Deus está a trabalhar."

Onde É que Jesus Está a Trabalhar?

—Lc 4,18-19— O Espírito do Senhor está sobre mim, porque me ungiu para anunciar a Boa-Nova aos pobres; enviou-me a proclamar a libertação aos cativos e, aos cegos, a recuperação da

vista; a mandar em liberdade os oprimidos, a proclamar um ano favorável da parte do Senhor.

1. Nos pobres
2. Nos cativos
3. Nos doentes (cegos)
4. Nos oprimidos

"Jesus ministrou e ministra a estes tipos de pessoas. Porém, é importante lembrar que Ele não ministrou a todas as pessoas pobres, ou a todas as pessoas oprimidas. Nos nossos próprios esforços, queremos ajudar toda a gente. Jesus procurou ver onde o Pai estava a trabalhar e juntou-se a Ele. Precisamos de fazer o mesmo. Tentarmos ministrar a todas as pessoas oprimidas é um sinal claro de que estamos a tentar fazer tudo sozinhos."

¿Dónde Es Otro Lugar Donde Jesús Esta Trabajando?

"Sabiam que Deus ama a vossa família toda? É a Sua vontade que sejam todos salvos e passem a eternidade juntos com Ele. Há muitos exemplos na Bíblia de Deus a salvar uma família inteira:"

Homem Possesso de um Espírito Maligno — Mc 5

"O homem possesso de um espírito maligno foi radicalmente alterado. Ele queria ir com Jesus, mas Jesus pediu-lhe para regressar para a sua família e contar-lhes o que tinha acontecido. Muitas pessoas das aldeias circundantes ficaram maravilhadas com o que Jesus tinha feito. Quando Deus salva uma pessoa, Ele quer salvar muitas outras à sua volta."

Cornélio—Act 10

"Deus disse a Pedro para ir falar com Cornélio. Quando Pedro falou, o Espírito Santo desceu sobre Cornélio e todos os que ouviram a mensagem. Cornélio acreditou e todos os que estavam à sua volta também acreditaram."

Carcereiro de Filipos—Act 16

"Paulo e Silas permaneceram na prisão apesar de um terramoto ter feito com que as portas da prisão se abrissem. O carcereiro ficou maravilhado com isto e acreditou no Senhor Jesus Cristo. Deus também salvou todo o seu agregado familiar."

"Nunca desistam de acreditar e rezar para que todas as pessoas da vossa família sejam salvas e passem a eternidade juntas!"

Versículo de Memorização

—Jo 12:26— *Se alguém me serve, que me siga, e onde Eu estiver, aí estará também o meu servo. Se alguém me servir, o Pai há-de honrá-lo.*

- Todas as pessoas levantam-se e dizem o versículo de memorização dez vezes em conjunto. Nas primeiras seis vezes, os discentes usam a Bíblia ou o guia da formação. Nas últimas quatro vezes, dizem o versículo de cor. Os discentes devem dizer sempre a referência do versículo antes de o citar e sentar-se quando acabarem.
- Isto ajudará os formadores a saber quem terminou a lição na secção "Prática".

Prática

- Para esta sessão, peça aos discentes para se sentarem de frente para o seu parceiro de oração. Os parceiros ensinam a lição um ao outro à vez.

"A pessoa com mais irmãos e irmãs do par será a líder."

- Siga o Processo de Formação de Formadores da página 23.
- Enfatize que quer que ensinem tudo o que está na secção "Estudo" exactamente da forma como o fez.

"Façam as perguntas, leiam as Escrituras em conjunto e respondam às questões da mesma forma que fiz convosco."

- Depois de os discentes terem praticado formar-se um ao outro, diga-lhes para procurar outro parceiro e treinar de novo. Peça aos discentes para pensar em alguém fora da formação com quem partilharão esta lição.

"Demorem alguns segundos a pensar numa pessoa fora desta formação a quem possam ensinar esta lição. Escrevam o nome dessa pessoa no topo da primeira página desta lição."

Final

MAPA ACT 29 - Parte 2 ∞

"No vosso Mapa Act 29, desenhem e escrevam o nome de lugares onde Jesus está a trabalhar. Identifiquem pelo menos cinco lugares no vosso mapa onde sabem que Jesus está a trabalhar e façam uma cruz em cada lugar. Escrevam também como Deus está a trabalhar nessa zona."

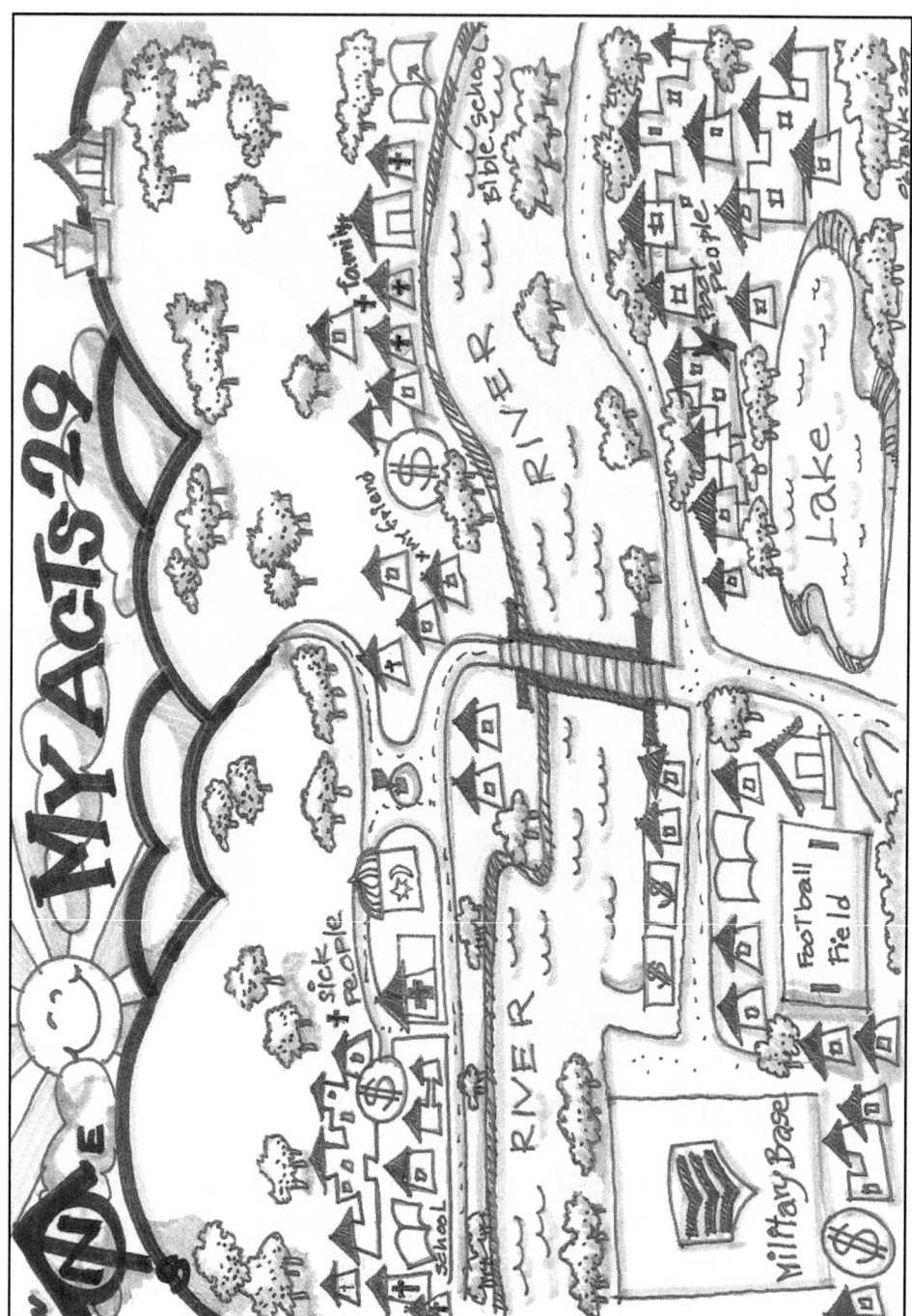

8

Partilhar

Partilhar apresenta Jesus como um Soldado: os soldados combatem inimigos, sofrem tribulações e libertam os cativos. Jesus é um solado; quando O seguirmos, também seremos soldados.

Mal nos juntamos a Deus onde Ele está a trabalhar, encontramos uma luta espiritual. Como é que os Crentes derrotam Satanás? Derrotamo-lo com a morte de Jesus na cruz, partilhando o nosso testemunho e não tendo medo de morrer pela nossa fé.

Um testemunho poderoso inclui partilhar a história da minha vida antes de conhecer Jesus, como conheci Jesus e a diferença que caminhar com Jesus está a ter na minha vida. Os testemunhos são mais eficazes quando limitamos a nossa explicação a três ou quatro minutos, não dizemos a nossa idade de conversão (porque a idade não importa) e usamos uma linguagem que os descrentes consigam perceber facilmente.

A sessão termina com uma competição: quem consegue escrever os nomes de 40 pessoas perdidas que conhece mais rapidamente. O primeiro, segundo e terceiro lugares são premiados, mas no fundo todos recebem um prémio, pois somos todos "vencedores" quando sabemos como dar o nosso testemunho.

Louvor

- Peça a alguém para rezar pela presença e bênção de Deus.
- Cantem dois cânticos ou hinos em conjunto.

Oração

- Divida os discentes em pares com alguém com quem ainda não fizeram par.
- Cada discente diz ao parceiro a resposta às seguintes questões:

    1. Como podemos rezar para que as pessoas perdidas que conhece sejam salvas?
    2. Como podemos rezar pelo grupo que está a formar?

- Se um parceiro ainda não começou a formar ninguém, rezem por pessoas potenciais na sua esfera de influência que possam começar a formar.
- Os parceiros rezam juntos.

Estudo

Revisão

Todas as sessões de revisão são iguais. Peça aos discentes para se levantar e recitar lições aprendidas anteriormente. Certifique-se de que também fazem os movimentos com as mãos. Reveja as últimas quatro lições.

Quais São Oito Imagens Que Nos Ajudam a Seguir Jesus?
Soldado, Procurador, Pastor, Semeador, Filho, Santo, Servo, Investidor

Rezar
Quais são três coisas que um santo faz?
Como devemos rezar?
Como é que Deus nos responderá?
Qual é o número de telefone de Deus?

Obedecer
Quais são três coisas que um servo faz?
Quem tem mais poder no mundo?
Quais são quatro ordens que Jesus deu a todos os crentes?
Como devemos obedecer a Jesus?
Qual é a promessa que Jesus fez a todos os crentes?

Caminhar
Quais são três coisas que um filho faz?
Qual foi a fonte da força do ministério de Jesus?
O que é que Jesus prometeu aos crentes sobre o Espírito Santo antes da cruz?
O que é que Jesus prometeu aos crentes sobre o Espírito Santo depois da Sua ressurreição?
Quais são quatro ordens a seguir sobre o Espírito SantIr

Ir
Quais são três coisas que um procurador faz?
Como é que Jesus decidiu onde ministrar?
Como devemos decidir onde ministrar?
Como podemos saber se Deus está a trabalhar?
Onde é que Jesus está a trabalhar?
Qual é outro lugar onde Jesus está a trabalhar?

Como É Jesus?

—Mt 26,53— Julgas que não posso recorrer a meu Pai? Ele imediatamente me enviaria mais de doze legiões de anjos!

"Jesus é um Soldado. Ele poderia chamar doze legiões de anjos para o defender porque é o Comandante-Chefe do exército de Deus. Ele travou uma luta espiritual com Satanás e por fim derrotou o maligno na cruz."

Soldado
✋ **Levante uma espada.**

Quais São Três Coisas que Um Soldado Faz?

—Mc 1,12-15— Em seguida, o Espírito impeliu-o para o deserto. E ficou no deserto quarenta dias. Era tentado por Satanás, estava entre as feras e os anjos serviam-no. Depois de João ter sido preso, Jesus foi para a Galileia, e proclamava o Evangelho de Deus, dizendo: «Completou-se o tempo e o Reino de Deus está próximo: arrependei-vos e acreditai no Evangelho.»

1. Os soldados combatem inimigos.

    "Jesus combateu o inimigo e ganhou."

2. Os soldados sofrem tribulações.

    "Jesus sofreu muitas coisas enquanto esteve na Terra."

3. Os soldados libertam os cativos.

    "O reino de Jesus estava a chegar para libertar as pessoas."

"Jesus é um soldado. Ele comanda o exército de Deus e trava uma luta espiritual com Satanás. Jesus ganhou a vitória por nós na cruz. À medida que Jesus vive em nós, também seremos soldados vitoriosos. Travaremos uma luta espiritual, sofreremos tribulações para agradar ao nosso Comandante e ajudaremos a libertar os cativos."

Como Derrotamos Satanás?

—Ap 12,11— Mas eles venceram-no pelo sangue do Cordeiro e pelo testemunho da sua palavra e não amaram mais a vida que a morte.

PELO SANGUE DO CORDEIRO

"Vencemos Satanás por causa do sangue de Jesus derramado na cruz. Somos mais do que conquistadores através Dele e do que Ele fez."

Sangue do Cordeiro
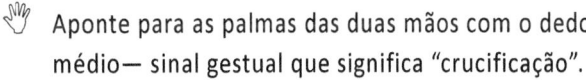 Aponte para as palmas das duas mãos com o dedo médio— sinal gestual que significa "crucificação".

"À medida que encontrarem lutas espirituais, lembrem-se de que Jesus derrotou Satanás na cruz! Satanás treme, choraminga e grita sempre que vê Jesus. Ele implora a Jesus para o deixar sozinho."

"A boa notícia é que Jesus vive em nós. Assim, sempre que Satanás vir Jesus em nós começará a tremer e a choramingar. Ele chora como um bebé! Satanás é um inimigo derrotado por causa do que Jesus fez na cruz! Nunca se esqueçam disto: por mais difíceis que sejam as coisas, nós venceremos! Venceremos! Venceremos!"

O NOSSO TESTEMUNHO

"Vencemos Satanás através da arma poderosa do nosso testemunho. Ninguém consegue argumentar contra o nosso testemunho do que Jesus fez nas nossas vidas. Podemos usar esta arma a qualquer momento e em qualquer lugar."

> **Testemunho**
> 🖐 Ponha as mãos em concha à volta da boca como que esteja a falar com alguém.

NÃO AMAR MAIS A VIDA QUE A MORTE

"A nossa eternidade com Deus está segura. Estar com Ele é melhor; estar aqui é necessário para espalhar o Evangelho. Não há como perder!"

> **Não amar mais a vida que a morte**
> 🖐 Junte os pulsos, como que esteja acorrentado.

Qual É Um Esboço de Um Testemunho Poderoso?

A MINHA VIDA ANTES DE CONHECER JESUS

> **Antes**
> 🖐 Aponte para o lado esquerdo à sua frente.

"Descrevam como era a vossa vida antes de se tornarem crentes. Se cresceram numa casa cristã, os descrentes acham interessante ouvir como é viver numa casa cristã."

COMO CONHECI JESUS

Como
✋ Aponte para o centro à sua frente.

"Descrevam como começaram a acreditar em Jesus e a segui-Lo."

A MINHA VIDA DEPOIS DE CONHECER JESUS

✋ Vire para a sua direita e mova as mãos para cima e para baixo.

"Descrevam como tem sido seguir Jesus desde a vossa conversão e o que é que a vossa relação com Ele significa para vocês."

FAÇAM UMA PERGUNTA SIMPLES

"No fim do testemunho, perguntem à pessoa: 'Gostaria de saber mais sobre como seguir Jesus?' Esta é a pergunta 'Está Deus a trabalhar?'."

✋ Aponte para a têmpora-como que esteja a pensar numa pergunta.

"Se ela responder 'sim', sabem que Deus está a trabalhar nesta situação. Deus é o único que atrai pessoas a Si mesmo. Nesta altura, partilhem mais com ela sobre seguir Jesus."

"Se disser 'não', Deus está a trabalhar, mas ela não está preparada para Lhe responder. Perguntem-lhe se podem rezar uma oração de bênção por ela, façam-no e sigam o vosso caminho."

Quais São Algumas Directrizes Importantes a Seguir?

LIMITEM O VOSSO TESTEMUNHO INICIAL A TRÊS OU QUATRO MINUTOS

"Há muitas pessoas perdidas neste mundo; limitar o vosso testemunho inicial ajuda a ver quem está receptivo e quem não está. Acima de tudo, sigam a orientação do Espírito Santo. Os novos crentes sentem-se mais confortáveis com a ideia de partilhar apenas três ou quatro *minutos* e não três ou quatro *horas*!"

NÃO DIGAM A IDADE QUE TINHAM QUANDO SE TORNARAM CRENTES

"A idade com que se tornaram seguidores de Jesus não importa, mas pode passar uma mensagem errada aos descrentes quando partilham o vosso testemunho. Se forem mais novos do que vocês eram quando se tornaram crentes, podem pensar que podem esperar até mais tarde. Se forem mais velhos do que vocês eram quando se tornaram crentes, podem pensar que perderam a sua oportunidade. A Bíblia diz que *hoje* é o dia da salvação. Dizer a vossa idade de conversão geralmente só confunde a situação."

NÃO USEM LINGUAGEM CRISTÃ

"Mesmo quando são crentes há muito pouco tempo, as pessoas começam a usar a linguagem que outros cristãos usam. Frases como: 'lavado no sangue do cordeiro' ou 'caminhei até ao altar' ou 'falei com o padre' parecem uma língua estrangeira para os descrentes. Usamos a menor quantidade de linguagem cristã possível, para que aqueles com quem partilhamos o nosso testemunho possam perceber o Evangelho da forma mais clara possível."

Versículo de Memorização

—1 Cor 15,3.4— Transmiti-vos, em primeiro lugar, o que eu próprio recebi: Cristo morreu pelos nossos pecados, segundo as Escrituras; foi sepultado e ressuscitou ao terceiro dia, segundo as Escrituras...

- Todas as pessoas levantam-se e dizem o versículo de memorização dez vezes em conjunto. Nas primeiras seis vezes, os discentes usam a Bíblia ou o guia da formação. Nas últimas quatro vezes, dizem o versículo de cor. Os discentes devem dizer sempre a referência do versículo antes de o citar e sentar-se quando acabarem.

PRÁTICA

- Diga aos discentes que quer que escrevam o seu testemunho nos cadernos usando o esboço que lhes deu. Informe-os que terão 10 minutos para o fazer e depois você pedirá a alguém do grupo para dar o seu testemunho.
- No fim dos 10 minutos, peça aos discentes para pousar as canetas. Diga-lhes que vai pedir a alguém para dar

seu testemunho ao grupo. Pare durante alguns segundos. Depois, anuncie que irá dar o seu testemunho ao grupo. Haverá um grande suspiro de alívio!
- Partilhe o seu testemunho usando o esboço e as directrizes em cima. Quando terminar, reveja o esboço e as directrizes passo a passo, perguntando aos discentes se deu o seu testemunho correctamente.
- Durante a parte "Prática" desta lição, usará um relógio para cronometrar os discentes. Peça-lhes para se dividirem em pares e diga-lhes que terão três minutos cada um para partilhar o seu testemunho.

"A pessoa *que fala mais alto* será a líder, quem começa primeiro."

- Cronometre a primeira pessoa do par e diga "parem" no fim dos três minutos. Pergunte aos discentes se os seus parceiros seguiram o esboço e usaram as quatro directrizes para um testemunho poderoso. Depois, peça à segunda pessoa do par para partilhar o seu testemunho durante três minutos. Volte a pedir críticas construtivas aos discentes.
- Quando os dois parceiros tiverem terminado, diga aos discentes para encontrar um novo parceiro, determinar quem tem a voz mais alta e voltar a partilhar o testemunho. Procure dividir o grupo em pares pelo menos quatro vezes.
- Depois de ensinarem uns aos outros a lição, peça aos discentes para pensar em alguém com quem partilharão esta lição depois da formação. Diga-lhes para escrever o nome da pessoa no topo da primeira página da lição.

Sal e Açúcar ଔ

Use esta ilustração durante um dos momentos de crítica construtiva para enfatizar a importância de falar com o coração.

"A fruta fresca e madura é sempre tão saborosa! É doce e enche a boca de alegria! Quando penso em ananás, amarelo e doce, fico com água na boca."

"Porém, conheço uma forma de fazer com que a fruta saiba ainda melhor! Junte um pouco de açúcar, sal ou piripíri. Mmmm! Assim é que fica mesmo deliciosa! Consigo mesmo imaginá-la!"

"Da mesma forma, todas as vezes que ensina uma lição ou partilha o Evangelho, a palavra de Deus é sempre boa, tal como a fruta. Devemos provar e ver que o Senhor é bom. Porém, quando fala com o coração e emoção, é como adicionar açúcar, sal ou piripíri à fruta. Torna-a especialmente deliciosa!"

"Assim, na próxima vez que estiverem a dar testemunho ao vosso parceiro, quero que adicionem bastante sal, açúcar ou pimenta ao que disserem."

FINAL

Quem Consegue Listar Quarenta Pessoas Perdidas Mais Depressa? ✿

- Peça a todas as pessoas para pegar no caderno e numerá-lo de 1 a 40.

  "Vamos fazer uma competição. Daremos prémios ao primeiro, segundo e terceiro lugares."

- Diga a toda a gente que quando disser "Comecem!" terão de escrever os nomes de 40 descrentes que conheçam. Se não

se conseguirem lembrar dos seus nomes, podem escrever coisas como "o barbeiro" ou "o carteiro". Assegure-se de que ninguém começa antes do tempo.
- Algumas pessoas sentir-se-ão tentadas a começar quando der as instruções. É melhor pedir aos discentes para pôr as canetas no ar enquanto está a explicar.
- Inicie a competição e peça às pessoas para se levantar quando terminarem a sua lista. Dê prémios ao primeiro, segundo e terceiro lugares.

"Há duas razões que os crentes apontam por não conseguirem partilhar a sua fé: não sabem como o fazer e não sabem com quem partilhar o Evangelho. Nesta lição, resolvemos estes dois problemas. Agora sabem como partilhar o Evangelho e têm uma lista de pessoas com quem o partilhar."

- Peça aos discentes para colocar uma estrela ao lado do nome de cinco pessoas da sua lista com quem partilharão o seu testemunho. Encoraje-os a fazê-lo durante a semana seguinte.

"Olhem para a vossa mão. Os cinco dedos podem lembrar-vos de cinco pessoas perdidas por quem podem rezar todos os dias. Quando estiverem a lavar pratos, a escrever à mão ou a escrever no computador deixem os vossos dedos lembrar-vos de rezar."

- Peça aos discentes para passar algum tempo a rezar em voz alta em grupo pelas pessoas perdidas da sua lista.
- Depois do tempo de oração, dê a todos uma guloseima como prémio, dizendo: "Agora somos todos vencedores, porque sabemos como partilhar o Evangelho e com que pessoas das nossas vidas o partilhar."

9

Semear

Semear apresenta-nos Jesus como Semeador: os semeadores plantam sementes, cuidam dos seus campos e rejubilam com uma grande ceifa. Jesus é um Semeador e vive em nós; quando O seguirmos, também seremos semeadores. Quando semeamos pouco, colhemos pouco. Quando semeamos muito, colhemos muito.

O que é que devemos semear na vida das pessoas? Só o evangelho simples as consegue transformar e trazê-las de volta para a família de Deus. Depois de sabermos que Deus está a trabalhar na vida de uma pessoa, partilhamos o evangelho simples com ela. Sabemos que ele é poder de Deus para a salvar.

Louvor

- Peça a alguém para rezar pela presença e bênção de Deus.
- Cantem dois cânticos ou hinos em conjunto.

Oração

- Divida os discentes em pares com alguém com quem ainda não fizeram par.
- Cada discente diz ao parceiro a resposta às seguintes questões:

    1. Como podemos rezar para que as pessoas perdidas que conhece sejam salvas?
    2. Como podemos rezar pelo grupo que está a formar?

- Se um parceiro ainda não começou a formar ninguém, rezem por pessoas potenciais na sua esfera de influência que possam começar a formar.
- Os parceiros rezam juntos.

Estudo

Revisão

Todas as sessões de revisão são iguais. Peça aos discentes para se levantar e recitar lições aprendidas anteriormente. Certifique-se de que também fazem os movimentos com as mãos. Reveja as últimas quatro lições.

Quais São Oito Imagens Que Nos Ajudam a Seguir Jesus?
Soldado, Procurador, Pastor, Semeador, Filho, Santo, Servo, Investidor

Obedecer
Quais são três coisas que um servo faz?
Quem tem mais poder?
Quais são quatro ordens que Jesus deu a todos os crentes?
Como devemos obedecer a Jesus?
Qual é a promessa que Jesus fez a todos os crentes?

Caminhar
Quais são três coisas que um filho faz?
Qual foi a fonte da força do ministério de Jesus?
O que é que Jesus prometeu aos crentes sobre o Espírito Santo antes da cruz?
O que é que Jesus prometeu aos crentes sobre o Espírito Santo depois da Sua ressurreição?
Quais são quatro ordens a seguir sobre o Espírito Santo?

Ir
Quais são três coisas que um procurador faz?
Como é que Jesus decidiu onde ministrar?
Como devemos decidir onde ministrar?
Como podemos saber se Deus está a trabalhar?
Onde é que Jesus está a trabalhar?
Qual é outro lugar onde Jesus está a trabalhar?

Partilhar
Quais são três coisas que um soldado faz?
Como derrotamos Satanás?
Qual é um esboço de um testemunho poderoso?
Quais são algumas directrizes importantes a seguir?

Como é Jesus?

> –Mt 13,36.37– *Afastando-se, então, das multidões, Jesus foi para casa. E os seus discípulos, aproximando-se dele, disseram-lhe: «Explica-nos a parábola do joio no campo.» Ele, respondendo, disse-lhes: «Aquele que semeia a boa semente é o Filho do Homem…»*

"Jesus é um Semeador e Senhor da colheita."

Semeador
 Lance a semente com a mão.

Quais São Três Coisas que Um Semeador Faz?

—Mc 4,26-29— [Jesus] dizia ainda: «O Reino de Deus é como um homem que lançou a semente à terra. Quer esteja a dormir, quer se levante, de noite e de dia, a semente germina e cresce, sem ele saber como. A terra produz por si, primeiro o caule, depois a espiga e, finalmente, o trigo perfeito na espiga. E, quando o fruto amadurece, logo ele lhe mete a foice, porque chegou o tempo da ceifa.»

1. Os semeadores plantam a boa semente.
2. Os semeadores cuidam do seu campo.
3. Os semeadores esperam a ceifa.

"Jesus é um Semeador e vive em nós. Ele planta a boa semente nos nossos corações, enquanto Satanás quer plantar a má semente. A semente que Jesus planta leva à vida eterna. Quando o seguirmos, também seremos semeadores. Plantaremos a boa semente do Evangelho. Cuidaremos do campo para onde Deus nos enviar e esperaremos uma grande ceifa."

Qual É o Evangelho Simples?

—Lc 24,1-7— No primeiro dia da semana, ao romper da alva, as mulheres foram ao sepulcro, levando os perfumes que haviam preparado. Encontraram removida a pedra da porta do sepulcro e, entrando, não acharam o corpo do Senhor Jesus. Estando elas perplexas com o caso, apareceram-lhes dois homens em trajes resplandecentes. Como estivessem amedrontadas e voltassem o

rosto para o chão, eles disseram-lhes: «Porque buscais o Vivente entre os mortos? Não está aqui; ressuscitou! Lembrai-vos de como vos falou, quando ainda estava na Galileia, dizendo que o Filho do Homem havia de ser entregue às mãos dos pecadores, ser crucificado e ressuscitar ao terceiro dia.»

PRIMEIRO...

"Deus criou um mundo perfeito."

✋ Faça um grande círculo com as mãos.

"Ele tornou o Homem parte da sua família."

✋ Aperte as mãos.

SEGUNDO...

"O Homem desobedeceu a Deus e trouxe o pecado e o sofrimento para o mundo."

✋ Levante os punhos e finja que luta.

"Por isso, o Homem teve de sair da família de Deus."

✋ Aperte as mãos e depois desprenda-as e afaste-as muito.

TERCEIRO...

"Deus enviou o Seu Filho Jesus à Terra. Ele viveu uma vida perfeita."

✋ Levante as mãos acima da cabeça e faça um movimento descendente.

"Jesus morreu na cruz pelos nossos pecados."

✋ Ponha o dedo médio de cada mão na palma da outra.

"Foi sepultado."

✋ Segure o cotovelo direito com a mão esquerda e mova o braço direito para trás como que esteja a ser sepultado.

"Deus ressuscitou-O ao terceiro dia."

✋ Volte a levantar o braço com três dedos.

"Deus viu o sacrifício de Jesus pelos nossos pecados e aceitou-o."

✋ Mova as mãos para baixo com as palmas para fora. Depois, levante os braços e cruze-os sobre o coração.

QUARTO...

"Aqueles que acreditam que Jesus é o Filho de Deus e pagou o preço pelos seus pecados..."

✋ Levante as mãos para aquele em quem acredita.

"...que se arrependem dos seus pecados..."

✋ As palmas das mãos estão para fora a tapar a face; a cabeça está virada para o lado.

"...e pedem para ser salvos..."

✋ Ponha as mãos em concha.

"...são aceites de novo na família de Deus."

✋ Aperte as mãos.

"Estão prontos para voltar para a família de Deus? Rezemos em conjunto. Digam a Deus que acreditam que Ele criou um mundo perfeito e enviou o Seu filho para morrer pelos vossos pecados. Arrependam-se dos vossos pecados e peçam-Lhe para vos voltar a receber na Sua família."

- *Importante!* Aproveite este tempo para se assegurar de que todas as pessoas que está a formar são crentes verdadeiros. Dê-lhes uma oportunidade para responder à questão: "Estão prontos para voltar para a família de Deus?"
- Repita a apresentação do Evangelho simples várias vezes aos discentes até dominarem a sequência. Na nossa experiência, a maioria dos crentes não sabe como partilhar a sua fé, por isso não se apresse e certifique-se de que todos sabem claramente o significado do Evangelho simples.
- Ajude os discentes a dominar a sequência e os movimentos com as mãos "construindo" a lição. Comece com o primeiro ponto e repita-o várias vezes. Depois, diga o segundo ponto e repita-o várias vezes. A seguir, reveja o primeiro ponto e o segundo ponto juntos várias vezes. Em seguida, partilhe o terceiro ponto e repita-o várias vezes. Depois, diga o ponto um, o ponto dois e o ponto três juntos. Por último, ensine aos discentes o ponto quarto e reveja-o várias vezes. Os discentes já deverão ser capazes de repetir toda a sequência com os movimentos com as mãos várias vezes para mostrar que a dominam.

Versículo de Memorização

> –Lc 8,15– *E a que caiu em terra boa são aqueles que, tendo ouvido a palavra, com um coração bom e virtuoso, conservam-na e dão fruto com a sua perseverança.*

- Todas as pessoas levantam-se e dizem o versículo de memorização dez vezes em conjunto. Nas primeiras seis vezes, os discentes usam a Bíblia ou o guia da formação. Nas últimas quatro vezes, dizem o versículo de cor. Os discentes devem dizer sempre a referência do versículo antes de o citar e sentar-se quando acabarem.

Prática

- LEIA, POR FAVOR! A parte prática da lição "Semear" é diferente dos outros momentos de prática.
- Peça aos discentes para se posicionarem de pé em frente ao seu parceiro de oração. Os discentes devem repetir o Evangelho simples em conjunto enquanto fazem os movimentos com as mãos.
- Quando os primeiros pares terminarem, os discentes devem encontrar outro parceiro, posicionar-se em pé de frente um para o outro e dizer o Evangelho simples em conjunto com os movimentos com as mãos.
- Após os segundos pares terminarem, todos devem continuar a procurar novos parceiros até terem dito o Evangelho simples, com os movimentos com as mãos, com oito parceiros.
- Depois de os discentes terminarem com o seu oitavo parceiro, peça a toda a gente para dizer o Evangelho simples em grupo fazendo os movimentos com as mãos. Ficará maravilhado ao ver que melhoraram muito a execução desta actividade depois de praticar tantas vezes!

LEMBREM-SE DE PLANTAR A SEMENTE DO EVANGELHO!

"Não se esqueçam, plantem a semente do Evangelho! Se não plantarem a semente, não haverá ceifa. Se plantarem apenas algumas sementes, terão uma ceifa pequena. Se plantarem muitas sementes, Deus abençoar-vos-á com uma grande ceifa. Que tipo de ceifa querem?"

"Quando perguntam a uma pessoa se gostaria de saber mais sobre seguir Jesus e ela responde que 'sim', então é a altura de plantar a semente do Evangelho. Deus está a trabalhar na vida dela!"

"Semeiem a semente do Evangelho! Não semear = não há ceifa. Jesus é um Semeador e Ele quer uma grande ceifa."

"Demorem alguns segundos a pensar numa pessoa fora desta formação a quem possam ensinar esta lição. Escrevam o nome dessa pessoa no topo da primeira página desta lição."

FINAL

Onde Está o Act 29:21? ◌

"Abram as vossas Bíblias em Act 29:21."

- Os discentes dirão que só há vinte e oito capítulos nos Actos dos Apóstolos.

"A minha Bíblia tem o Act 29."

- Peça a vários discentes para se aproximar, aponte para o fim do Capítulo 28 das suas Bíblias e diga-lhes que também têm o Act 29.

"O 'Act 29' é agora. Deus está a registar o que o Espírito Santo está a fazer através de nós, e um dia poderemos lê-lo. O que querem que diga? Qual é a vossa visão? O mapa em que temos estado a trabalhar é o nosso 'Mapa Act 29' e uma visão do que Deus quer que façamos nas nossas vidas. Gostaria de partilhar convosco a minha Visão Act 29."

- Partilhe a sua "Visão Act 29" com o grupo. Não se esqueça de incluir o conceito de dois tipos de pessoas: descrentes e crentes. Deus quer que partilhemos o Evangelho com descrentes e que formemos os crentes para seguir Cristo e partilhar a sua fé."

"O nosso Mapa Act 29 representa a cruz que Jesus nos chamou a carregar. Agora vamos entrar no momento sagrado de apresentar os nossos mapas, rezar uns pelos outros e comprometermos as nossas vidas para seguir Jesus."

MAPA ACT 29 - Parte 3 ∞

- Peça aos discentes para fazer um círculo à volta de pelo menos três possíveis locais para novos grupos de discípulos nos seus mapas. Devem escrever o nome do possível líder do grupo e da possível família anfitriã ao lado do círculo.
- Se já começaram um grupo, festeje e diga-lhes para o porem no mapa. Se ainda não começaram um grupo, ajude-os a perceber onde Deus está a trabalhar.
- Esta é a última oportunidade que os discentes têm de preparar os seus mapas antes de os apresentarem. Se for preciso, dê-lhes mais tempo.

10

Tomar

Tomar é a sessão de encerramento do seminário. Jesus deu-nos a ordem de tomar a nossa cruz e segui-Lo todos os dias. O Mapa Act 29 é uma imagem da cruz que Jesus chamou todos os discentes a carregar.

Nesta última sessão, os discentes apresentam os seus Mapas Act 29 ao grupo. Depois de cada apresentação, o grupo põe as mãos no apresentador e no seu Mapa Act 29, rezando pela bênção e unção de Deus para o seu ministério. Depois, o grupo desafia o apresentador, repetindo a ordem: "Toma a tua cruz e segue Jesus" três vezes. Os discentes apresentam os seus Mapas Act 29 à vez até todos terem terminado. O tempo de formação termina com uma canção de adoração e de compromisso a fazer discípulos e uma oração de encerramento por um líder espiritual reconhecido.

Louvor

- Peça a alguém para rezar pela presença e bênção de Deus.
- Cantem dois cânticos ou hinos em conjunto.

Oração

- Peça a um líder espiritual reconhecido do grupo para rezar pela bênção de Deus neste tempo especial de compromisso.

Revisão

Todas as sessões de revisão são iguais. Peça aos discentes para se levantar e recitar as lições aprendidas anteriormente. Assegure-se de que também fazem os movimentos com as mãos. Esta revisão inclui todas as sessões.

Quais São Oito Imagens Que Nos Ajudam a Seguir Jesus?
Soldado, Procurador, Pastor, Semeador, Filho, Santo, Servo, Investidor

Multiplicar
Quais são três coisas que um investidor faz?
Qual foi a primeira ordem de Deus ao homem?
Qual foi a última ordem de Jesus ao homem?
Como posso ser fértil e multiplicar-me?
Quais são os dois mares situados em Israel?
Porque é que são tão diferentes?
Com qual se querem parecer?

Amar
Quais são três coisas que um pastor faz?
Qual é o mandamento mais importante para ensinar aos outros?
De onde vem o amor?
O que é a Adoração Simples?
Para que serve a Adoração Simples?
Quantas pessoas são precisas para haver Adoração Simples?

Rezar
Quais são três coisas que um santo faz?
Como devemos rezar?
Como é que Deus nos responderá?
Qual é o número de telefone de Deus?

Obedecer
Quais são três coisas que um servo faz?
Quem tem mais poder?
Quais são quatro ordens que Jesus deu a todos os crentes?
Como devemos obedecer a Jesus?
Qual é a promessa que Jesus fez a todos os crentes?

Caminhar
Quais são três coisas que um filho faz?
Qual foi a fonte da força do ministério de Jesus?
O que é que Jesus prometeu aos crentes sobre o Espírito Santo antes da cruz?
O que é que Jesus prometeu aos crentes sobre o Espírito Santo depois da Sua ressurreição?
Quais são quatro ordens a seguir sobre o Espírito Santo?

Ir
Quais são três coisas que um procurador faz?
Como é que Jesus decidiu onde ministrar?
Como devemos decidir onde ministrar?
Como podemos saber onde Deus está a trabalhar?
Onde é que Jesus está a trabalhar?
Qual é outro lugar onde Jesus está a trabalhar?

Partilhar
Quais são três coisas que um soldado faz?
Como derrotamos Satanás?
Qual é um esboço de um testemunho poderoso?
Quais são algumas directrizes importantes a seguir?

Semear
Quais são três coisas que um semeador faz?
Qual é o Evangelho simples que partilhamos?

Estudo

O que É que Jesus Manda os Seus Seguidores Fazer Todos os Dias?

—Lc 9,23— Depois, dirigindo-se a todos, disse: «Se alguém quer vir após mim, negue-se a si mesmo, tome a sua cruz, dia após dia, e siga-me.

"Neguem-se a vós mesmos, tomem a vossa cruz e sigam Jesus."

Quais São Quatro Vozes que Nos Chamam Para Tomar a Nossa Cruz?

A VOZ DE CIMA

—Mc 16,15— E disse-lhes: «Ide pelo mundo inteiro, proclamai o Evangelho a toda a criatura.

"Jesus chama-nos do Céu para partilhar o Evangelho. Ele é a maior autoridade, e devemos obedecer-Lhe sempre, imediatamente e com um coração de amor."

"Esta é a voz de cima."

> De cima
> ✋ Aponte o dedo para cima, na direcção do céu.

A VOZ DE BAIXO

> –Lc 16,27-28– *O rico insistiu: 'Peço-te, pai Abraão, que envies Lázaro à casa do meu pai, pois tenho cinco irmãos; que os previna, a fim de que não venham também para este lugar de tormento.'*

"Jesus contou a história de um homem rico que foi para o Inferno. Na história, o homem rico queria que um homem pobre chamado Lázaro deixasse o Céu e fosse à Terra avisar os seus cinco irmãos da realidade do Inferno. Abraão disse que eles tinham tido avisos suficientes. Lázaro não podia voltar à Terra. As pessoas que morreram e estão no Inferno chamam-nos para partilhar o Evangelho."

"Esta é a voz de baixo."

> De baixo
> ✋ Aponte o dedo para baixo, na direcção do chão.

A VOZ DE DENTRO

> –1 Cor 9,16– *Porque, se eu anuncio o Evangelho, não é para mim motivo de glória, é antes uma obrigação que me foi imposta: ai de mim, se eu não evangelizar!*

"O Espírito Santo dentro de Paulo compeliu-o a partilhar o Evangelho. O mesmo Espírito Santo chama-nos a tomar a nossa cruz e a partilhar o Evangelho."

"Esta é a voz de dentro."

> **De dentro**
> Aponte o dedo para o seu coração.

A VOZ DE FORA

> *—Act 16,9– Ora, durante a noite, Paulo teve uma visão: um macedónio estava de pé diante dele e fazia-lhe este pedido: «Passa à Macedónia e vem ajudar-nos!»*

"Paulo tinha planeado ir à Ásia, mas o Espírito Santo não o deixou nessa altura. Teve uma visão de que um homem da Macedónia lhe estava a implorar para ir pregar a boa nova. Povos e grupos não alcançados de todo o mundo chamam-nos para tomar a nossa cruz e partilhar o Evangelho."

"Esta é a voz de fora."

> **De fora**
> Estenda a mão em concha na direcção do grupo e mova para si, como que os esteja a chamar.

- Reveja várias vezes as quatro vozes com os movimentos com as mãos com os discentes, perguntando-lhes quem é a voz, de onde vem e o que diz.

Apresentações

MAPAS ACT 29 ☙

- Divida os discentes em grupos de cerca de oito pessoas cada um. Peça a um líder espiritual reconhecido entre os participantes na FPSJ para orientar cada grupo.
- Explique o processo do momento de ministério seguinte aos discentes.
- Os discentes colocam os Mapas Act 29 no centro do círculo e apresentam-nos à vez ao seu grupo. Depois, o grupo põe as mãos em cima do Mapa Act 29 e/ou discente e reza para que receba a força e a bênção de Deus.
- Todas as pessoas devem rezar em voz alta, ao mesmo tempo, pelo discente. O líder reconhecido do grupo encerra o tempo de oração conforme o Espírito o conduzir.
- Nesta altura, o discente enrola o mapa, coloca-o no ombro e o grupo diz: "Toma a tua cruz e segue Jesus" três vezes em uníssono. Depois, o discente seguinte apresenta o seu mapa e o processo recomeça.
- Antes de começar, peça aos discentes para repetir "Toma a tua cruz e segue Jesus" três vezes, como irão fazer depois de cada pessoa apresentar o seu mapa. Isto ajudará toda a gente a decidir como dizer a frase em uníssono.
- Quando todas as pessoas de um grupo tiverem apresentado o seu mapa, os discentes juntam-se a outro grupo que ainda não tenha terminado, até que todos os discentes estejam num grande grupo que inclua todos os discentes do seminário.
- Termine o tempo de formação a cantar uma canção de adoração e dedicação que seja relevante para os discentes do grupo.

Parte 3
REFERÊNCIA

Mais Estudo

Consulte os seguintes recursos para uma discussão mais aprofundada do tópico apresentado. Em novas áreas de trabalho missionário, esta também é uma boa lista de primeiros livros a traduzir depois da Bíblia.

BILLHEIMER, Paul. *Destined for the Throne*. Fort Washington, PA: Christian Literature Crusade, 1975.

BLACKABY, Henry T. e KING, Claude V. *Experiencing God: Knowing and Doing the Will of God*. Nashville, Tennessee: Lifeway Press, 1990.

BRIGHT, Bill. *How to Be Filled with the Holy Spirit*. Campus Crusade for Christ, 1971.

CARLTON, R. Bruce. *Acts 29: Practical Training in Facilitating Church-Planting Movements among the Neglected Harvest Fields*. Kairos Press, 2003.

CHEN, John. *Training For Trainers (T4T)*. Inédito, sem data.

GRAHAM, Billy. *The Holy Spirit: Activating God's Power in Your Life*. W Publishing Group, 1978.

HODGES, Herb. *Tally Ho the Fox! The Foundation for Building World-Visionary, World Impacting, Reproducing Disciples.* Memphis: Spiritual Life Ministries, 2001.

HYBELS, Bill. *Too Busy Not to Pray.* Downers Grove, IL Intervarsity Press, 1988.

MURRAY, Andrew. *With Christ in the School of Prayer.* Diggory Press, 2007.

OGDEN, Greg. *Transforming Discipleship: Making Disciples a Few at a Time. Downers Grove, IL:* InterVarsity Press, 2003.

PACKER, J. I. *Knowing God. Downers Grove, IL:* Intervarsity Press, 1993.

PATTERSON, George e SCOGGINS, Richard. *Church Multiplication Guide.* William Carey Library, 1994.

PIPER, John. *What Jesus Demands from the World.* Wheaton, Illinois: Crossway Books, 2006.

Notas finais

1. Galen Currah e George Patterson, *Train and Multiply Workshop Manual* (Project World Outreach, 2004), p. 28.

2. Currah e Patterson, p. 17.

3. Currah e Patterson, pp. 8, 9.

Apêndice A

Notas Para os Tradutores

O autor dá permissão para traduzir este material de formação para outras línguas, conforme Deus ordenar. Por favor, siga as seguintes directrizes quando traduzir materiais da Formação Para Seguir Jesus (FPSJ):

- Recomendamos que forme outras pessoas várias vezes com a FPSJ antes de começar o trabalho de tradução. A tradução deve enfatizar o significado e não ser apenas uma tradução literal ou palavra por palavra. Por exemplo, se "Caminhar no Espírito" estiver traduzido como "Viver no Espírito" na sua versão da Bíblia, use "Viver no Espírito" e modifique os movimentos com as mãos conforme for preciso.
- Procure usar a língua comum do seu país o mais possível na tradução, evitando a "linguagem religiosa".
- Use uma tradução da Bíblia que a maioria das pessoas do seu grupo seja capaz de entender. Se só houver uma tradução e for difícil de entender, actualize os termos das Escrituras citadas para as tornar mais claras.
- Use um vocábulo com significado positivo para cada uma das oito imagens de Cristo. Muitas vezes, a equipa de formação tem de experimentar vários vocábulos antes de encontrar o vocábulo certo.

- Para traduzir "Santo", use um vocábulo da sua cultura que signifique uma pessoa santa que adore a Deus, reze e viva uma vida íntegra. Se a palavra "santo" não descrever toda a santidade de Jesus na sua língua, escolha outro vocábulo ou use uma expressão. A expressão usada em inglês, por exemplo, em português quer dizer "o sagrado".
- "Servo" pode ser difícil de traduzir de forma positiva, mas é muito importante que o faça. Assegure-se de que o vocábulo que escolher transmite a ideia de uma pessoa que trabalha muito, tem um coração humilde e gosta de ajudar os outros. A maioria das culturas tem a ideia de um "coração de servo".
- Desenvolvemos todas as encenações no Sudeste Asiático e, no geral, baseámo-nos nessa cultura. Sinta-se à vontade para as adaptar para a sua cultura, certificando-se de que usa itens e ideias que sejam familiares às pessoas do seu país.
- Adoraríamos saber informações sobre o seu trabalho e ajudar no que pudermos.
- Contacte-nos em translations@FollowJesusTraining.com *para que possamos colaborar e ver mais pessoas a seguir Jesus!*

Apêndice B

Perguntas Frequentes

1. Qual é o objectivo principal de *Fazer Discípulos Radicais*?

Um pequeno grupo de crentes (que se reúne para adoração, oração e estudo da Bíblia e se responsabiliza mutuamente para seguir as ordens de Jesus) é a pedra angular básica de qualquer igreja saudável ou movimento duradouro. O nosso objectivo é capacitar as pessoas para seguir a estratégia de Jesus para chegar ao mundo, formando-as para fazer os primeiros três passos da Sua estratégia: crescer em força no Senhor, partilhar o Evangelho e fazer discípulos. Às vezes, o missionário é o catalisador, mas nunca o foco, de um movimento de discípulos que fazem discípulos.

Na nossa experiência, a maioria dos crentes não experienciou o tipo de comunidade transformadora que um grupo de discípulos cria. No movimento de discípulos que fazem discípulos, as famílias discipulam-se mutuamente durante as orações familiares; as igrejas discipulam os seus membros em grupos de discípulos e nas aulas da escola dominical; os grupos de oração formam os seus membros em como se discipular uns aos outros; e as novas congregações muitas vezes começam como pequenos grupos de discípulos. Num movimento, os grupos de discípulos estão em qualquer lado e em todo o lado.

2. Qual é a diferença entre formação e ensino?

Responsabilização. O ensino alimenta a mente. A formação alimenta as mãos e o coração. No ambiente de ensino, o professor fala muito e os estudantes fazem algumas perguntas. No ambiente de formação, os discentes falam muito e o professor faz algumas perguntas. Depois da sessão de ensino, a pergunta habitual é "Será que gostaram?" ou "Será que perceberam?". Depois da sessão de formação, a pergunta chave é "Será que o irão fazer?".

3. O que devo fazer se não conseguir terminar a lição no tempo especificado?

O processo de formação é muito importante na FPSJ. Ensine aos discentes não só o conteúdo, mas também como formar os outros. Divida as secções "Estudo" ao meio se não tiver tempo para completar toda a lição numa só sessão. É melhor manter o processo de formação e partir a lição em duas partes do que deixar de fora uma parte do processo de formação.

Uma tentação comum é saltar os tempos de responsabilização e de prática, tornando assim o material mais semelhante a um estudo tradicional da Bíblia. Porém, o segredo da multiplicação é a responsabilização e a prática. Não as avance! Em vez disso, divida a secção "Estudo" por duas sessões do seminário e mantenha o processo de formação intacto.

4. Podem dar-me algumas ideias sobre como começar?

Comece consigo. Não pode dar o que não tem. Aprenda as lições e use-as na sua vida diariamente. Não cometa o erro generalizado de pensar que tem de atingir algum nível antes de começar a formar os outros. Também é verdade que não pode ter o que não dá. Se for crente, o Espírito Santo vive em si e por isso garante que atingiu o nível necessário para começar a formar os outros.

Embora seja verdade que não pode ensinar o que não aprendeu, também é verdade que não consegue aprender o que não ensinou. Simplesmente faça-o. Saia e forme os outros com abandono total. À medida que se juntar a Deus onde Ele está a trabalhar, terá muitas oportunidades para formar os outros. Forme cinco pessoas com a mesma intensidade com que formaria cinquenta pessoas, e vice-versa. Semeie pouco; colha pouco. Semeie muito; colha muito. A ceifa que verá será na maioria das vezes directamente proporcional ao seu compromisso em formar os outros.

5. Qual é a "Regra do 5"?

Os discentes precisam de treinar uma lição cinco vezes antes de ter a confiança necessária para formar outra pessoa. Na primeira vez, os discentes dizem: "Foi uma lição muito boa. Obrigado." Na segunda vez (depois ensinar a lição), dirão: "Penso que talvez consiga ensinar esta lição, mas não tenho a certeza." Na terceira vez, os discentes dizem: "Esta lição não é tão difícil de ensinar como pensei. Talvez consiga fazê-lo."

Na quarta vez, os discentes dizem: "Vejo a importância desta lição e quero ensinar os outros. Está a ficar cada vez mais fácil." Na quinta vez, dizem: "Consigo treinar os outros para treinar outros em como fazer esta lição. Estou confiante de que Deus usará esta lição para mudar as vidas dos meus amigos e família."

Treinar uma lição inclui tanto "ver" como " fazer". É por esta razão que recomendamos fazer o tempo de prática duas vezes. Os discentes devem treinar uma vez com o seu parceiro de oração e depois mudar para outro parceiro e voltar a fazer a lição.

6. Porque é que usam tantos movimentos com as mãos?

Ao início pode parecer infantil, mas a maioria das pessoas depressa se apercebe de que os ajuda a memorizar o material mais rapidamente. Usar movimentos com as mãos ajuda aqueles que aprendem de forma cinestésica e visual.

Porém, tenha cuidado com os movimentos com as mãos! Investigue os costumes locais de quem está a formar e assegure-se de que nenhum dos movimentos com as mãos é de mau gosto ou significa uma coisa diferente do que pretende. Testámos os movimentos deste manual em vários países do Sudeste Asiático, mas confirmar antes do tempo é sempre uma boa ideia.

Não fique surpreendido se médicos, advogados e outros discentes como mais formação gostarem de aprender e de fazer os movimentos com as mãos. Um comentário que ouvimos muitas vezes é: "Finalmente! Aqui estão lições que posso ensinar aos outros e que eles compreenderão e realizarão.".

7. Porque é que as lições são tão simples?

Jesus formou de forma simples e memorável. Usamos exemplos da vida real (encenações) e histórias porque foi isso que Jesus fez. Nós acreditamos que uma lição só é verdadeiramente reproduzível se conseguir passar o "teste do guardanapo". (Pode a lição ser escrita num guardanapo durante uma refeição informal e ser reproduzida imediatamente pelo discente?) As lições da FPSJ "ensinam-se a si mesmas" e dependem do Espírito Santo para plantar a boa semente. A simplicidade é um factor-chave da reprodutibilidade.

8. Quais são alguns erros comuns que as pessoas cometem quando formam os outros?

- *Saltam o Aspecto de Responsabilização da Formação:* A reunião típica de um grupo pequeno é composta por adoração, oração e estudo da Bíblia. A formação inclui os três, mas acrescenta a responsabilização e um tempo de "prática". A maioria das pessoas acredita que não consegue responsabilizar os outros de forma amável, por isso salta esta parte. No entanto, ao estabelecer um exemplo e fazer perguntas sem juízos de valor, o grupo consegue responsabilizar-se mutuamente e ter um crescimento espiritual significante.

- *Centram-se em Alguns e Não Nos Muitos:* teoricamente, a ideia de um discipulado "um para um" é boa, mas na prática fica aquém das expectativas. A norma bíblica parece ser fazer discípulos num ambiente de grupo pequeno. Jesus passou a maioria do tempo com Pedro, Tiago e João. Um grupo de homens acompanhou Pedro nas suas viagens de criação de discípulos e ajudou na igreja em Jerusalém. As cartas de Paulo estão repletas de listas de grupos de pessoas que ele "discipulou". Na verdade, só cerca de quinze a vinte por cento das pessoas que formar se tornarão formadoras. Não se deixe desencorajar por este facto. Mesmo com esta percentagem, Deus produzirá um movimento de criação de discípulos se formos fieis a lançar amplamente a semente do Evangelho.

- *Falam Demais:* numa sessão de noventa minutos típica, o formador pode falar ao grupo durante um total de trinta minutos. Os discentes passam a maior parte do tempo de uma sessão de formação em adoração, oração, partilha e

prática em conjunto. Muitas pessoas com uma educação ocidental caem no erro de inverter esta divisão de tempo.
- *Fazem a Formação de Forma Não Reproduzível:* O segredo de um movimento de criação de discípulos é a reprodutibilidade. Consequentemente, as pessoas mais importantes que está a formar nem sequer estão na sala; são a terceira, a quarta e quinta gerações de discípulos que formarão outros discípulos. Uma questão orientadora tem de ser "será que os discípulos das próximas gerações serão capazes de copiar exactamente o que estou a fazer e transmiti-lo aos outros?" O que é que aconteceria se a quarta geração de crentes partilhasse, apresentasse, disponibilizasse e usasse os mesmos materiais que trouxe para as suas sessões? Se eles o conseguirem seguir facilmente, é reproduzível. Se tiverem de fazer adaptações, então não é reproduzível.

9. O que devo fazer se não houver nenhum crente no meu grupo de pessoas não alcançadas (GPNA)?

- Aprenda o material da FPSJ e comece a discipular e a testemunhar para as pessoas do seu GPNA. A Formação Para Seguir Jesus dá a quem procura respostas uma boa imagem de quem é Jesus e do que significa ser cristão. No Sudeste Asiático, muitas vezes discipulamos as pessoas e só depois as evangelizamos. A FPSJ dá-lhe uma forma não ameaçadora de fazer isto.
- Localize crentes num grupo de pessoas estreitamente relacionadas—um grupo que tenha semelhanças económicas, políticas, geográficas e culturais com o grupo que está a tentar alcançar. Forme-os com o material da FPSJ, dando-lhes o objectivo de alcançar as pessoas do grupo adjacente.
- Visite Seminários e Escolas Bíblicas para identificar pessoas do seu GPNA.

- Muitas vezes, Deus já desenvolveu líderes (nós é que ainda não nos apercebemos deles). Localize os que tiverem um dos pais no seu GPNA. Com frequência, estes líderes têm uma responsabilidade para com o seu GPNA, mas pouca experiência em como chegar a ele.

10. Quais são os primeiros passos para os novos discípulos quando começam a formar novos discípulos?

Encoraje os discentes a seguir o formato da Adoração Simples que treinaram. O grupo louva em conjunto e depois reza em conjunto. Na secção "Estudo", ensinam uns aos outros uma das lições da FPSJ ou contam uma história bíblica com três questões de aplicação.

Na secção "Prática", voltam a ensinar a lição uns aos outros. Os discentes treinam o formato da Adoração Simples nove vezes durante o seminário e têm a confiança para começar um grupo de discípulos quando saírem.

11. Quais são alguns locais diferentes onde os formadores usaram estes materiais?

Os formadores usaram com sucesso a FPSJ das seguintes formas:

- *Ambiente de Seminário*– O melhor número de pessoas para formar num ambiente de seminário é 24-30 discentes. O seminário dura de dois dias e meio a três dias, dependendo do nível educacional dos discentes.
- *Sessões Semanais*– O melhor número de pessoas para formar em sessões semanais é 10-12 discentes. Tempos de prática adicionais para a Adoração Simples fazem com que o ciclo de formação seja de 12 semanas. Tipicamente, as

sessões são realizadas na casa de alguém ou numa igreja. Alguns formadores orientam grupos bissemanais com o entendimento de que as pessoas que estão a formar treinarão outras pessoas na semana de pausa. Verificou-se que esta abordagem acelera exponencialmente os movimentos de implantação de igrejas.

- *Aulas da Escola Dominical*– O melhor número de pessoas para formar num ambiente de escola dominical é 8 a 10 discentes. Devido à duração do processo de formação, a parte "Estudo" de cada lição é geralmente dividida ao meio e ensinada em dois Domingos. A Adoração Simples pode ser sempre uma ênfase, por isso a formação dura 20 semanas.

- *Aulas do Seminário ou da Universidade Bíblica*– Formadores já usaram a FPSJ numa semana intensiva de tempo de preparação e/ou semanalmente durante as aulas de evangelização ou de discipulado.

- *Conferências*– Grupos grandes de até cem discentes podem ser formados com o Discipulado Básico da FPSJ se aprendizes adicionais ajudarem o formador principal com os grupos e a logística da multidão.

- *Sermões*– Depois de completar a FPSJ, os pastores ensinam frequentemente as lições à sua igreja. Isto aumenta o interesse e o ímpeto de quem está a formar os outros para seguir Jesus. No entanto, há a tentação de "ensinar" o material da FPSJ em vez de "formar" pessoas com ele. Os pastores têm de se precaver contra este perigo quando usam as lições nos sermões. Devem usar as lições como uma forma de capacitar os formadores para formar outras pessoas da congregação.

- *Conversas Missionárias*– Os missionários podem contar aos seus apoiantes como formam os nativos de forma prática. Os apoiantes mencionam frequentemente que estão muito excitados por aprender como seguir Jesus de forma simples e por saber como o missionário trabalha em campo.

- *Instrução*– Alguns formadores usam partes das lições para instruir líderes em momentos de aprendizado. Como a FPSJ é holística (todas as partes amplificam e explicam as outras partes), um formador pode começar em qualquer ponto da formação e ter a certeza de que está a dar o quadro completo de como seguir Jesus.

12. O que devo fazer se pessoas não-alfabetizadas ou semi-alfabetizadas frequentarem as sessões de formação?

Ah, as histórias que poderíamos contar sobre este assunto! Uma terá de chegar. Lembramo-nos bem de um evento de formação na Tailândia que era composto sobretudo por mulheres das tribos das colinas setentrionais. Na sua cultura, as mulheres estão proibidas de aprender a ler ou escrever até se tornarem adolescentes. Obviamente, isto significa que a maioria nunca aprende.

Num ambiente de formação, as mulheres geralmente sentavam-se em silêncio a ouvir enquanto os homens aprendiam. Contudo, devido à abordagem prática da Formação Para Seguir Jesus, todas as mulheres participaram na formação ao longo de um período de três dias. Pedimos a um leitor para ler as Escrituras em voz alta (em vez de todo o grupo ler em voz alta juntos) e dividimos as mulheres em grupos de cinco ou seis (em vez de pares) para o tempo de formação. Durante aqueles três dias, as lágrimas correram livremente com frequência enquanto as mulheres diziam: "Agora aprendemos uma coisa que podemos dar aos outros."

Apêndice C

Listas De Verificação

Antes da Formação...

- *Recrute uma Equipa de Oração–* Recrute uma equipa de oração de doze pessoas para interceder pela formação, antes e durante a semana de formação. Isto é MUITO importante.
- *Recrute um Aprendiz–* Recrute um aprendiz para colaborar consigo na formação, alguém que já tenha frequentado a FPSJ: Fazer Discípulos Radicais.
- *Convide Participantes–* Convide os participantes de forma culturalmente sensível. Isto pode incluir enviar cartas, convites, etc. O melhor tamanho para uma formação Fazer Discípulos Radicais é um ambiente de seminário com 24-30 discentes. Se tiver vários aprendizes a ajudá-lo, pode formar até 100 discentes. A formação Fazer Discípulos Radicais também pode ser realizada de forma eficaz uma vez por semana com um grupo de três ou mais discentes.
- *Confirme a Logística–* Arranje alojamento, refeições e transporte para os discentes conforme for preciso.
- *Consiga um Local para a Reunião–* Arranje uma sala com duas mesas para as provisões ao fundo, cadeiras dispostas em círculo para os discentes e bastante espaço para as

actividades de aprendizagem durante a formação. Se for mais apropriado, coloque um tapete no chão em vez de cadeiras. Não se esqueça de planear dois intervalos por dia, com café, chá e lanche.

- *Reúna Materiais de Formação*– Leve Bíblias, quadro branco/papel pardo e marcadores, guias do aluno, guias do líder, papel de poster branco para cada discente para o exercício do Mapa Act 29, marcadores ou lápis de cera coloridos, cadernos de apontamentos (como os que os alunos usam na escola), canetas e lápis.
- *Planeie Momentos de Adoração*– Use partituras ou um livro coral para cada participante. Encontre uma pessoa no grupo que toque guitarra e peça-lhe para o ajudar (se possível). O título de cada lição sugere o tópico para a selecção das canções dessa sessão.
- *Reúna Auxiliares de Aprendizagem Activa*– Leve um balão, uma garrafa de água e prémios para a competição.

Durante a Formação…

- *Seja Flexível*– Cumpra o horário, mas seja suficientemente flexível para se juntar a Deus no que Ele está a fazer nas vidas dos discentes.
- *Enfatize a Prática e a Responsabilização*– Certifique-se de que os discentes treinam ensinar uns aos outros a lição depois de os ensinar a eles! Sem prática, os discentes não terão confiança para formar os outros. É melhor encurtar a lição do que cortar o tempo de prática. A prática e a responsabilização são o segredo da multiplicação.
- *Envolva Todas as Pessoas na Liderança*– Peça a uma pessoa diferente para rezar no final de cada sessão. No fim da formação, todas as pessoas deverão ter feito a oração de encerramento pelo menos uma vez. Os discentes devem

orientar uma parte da Adoração Simples, à vez, no seu grupo pequeno.
- *Capacite e Reconheça os Dons de Cada Discente–* Encoraje os participantes a usar os seus dons durante a formação. Peça a voluntários para usar os seus talentos durante o seminário: música, hospitalidade, oração, ensino, humor, serviço, etc.
- *Reveja, Reveja, Reveja–* Não avance a secção de revisão no início de cada sessão. No fim do seminário, cada discente deve ser capaz de reproduzir todas as questões, respostas e movimentos com as mãos. Lembre aos discentes para se formar mutuamente como você os formou a eles. Sempre que formam uma pessoa devem fazer a secção de revisão.
- *Prepare-se para a Avaliação–* Tire notas durante cada sessão sobre aspectos da formação que os discentes não percebam ou perguntas que lhe possam fazer. Estas notas ajudar-vos-ão, a si e ao seu aprendiz, mais tarde, na altura da avaliação.
- *Não Avance os Momentos de Adoração Simples–* A Adoração Simples é uma parte integrante do processo de formação. À medida que os discentes se sentirem confortáveis na orientação do tempo de Adoração Simples, ganharão confiança para começar um grupo depois da formação.

Depois da Formação...

- Avalie Todos os Aspectos da Formação com o Seu Aprendiz– Passe algum tempo a rever e a avaliar o tempo de formação com o seu aprendiz. Crie uma lista de aspectos positivos e negativos. Faça planos para melhorar a formação na próxima vez que a ensinar.
- Contacte Aprendizes Potenciais para o Ajudar em Formações Futuras– Pergunte a dois ou três discentes que tenham demonstrado potencial de liderança durante a formação se estão interessados em, no futuro, ajudá-lo numa formação *Fazer Discípulos Radicais*.

- Encoraje os Participantes a levar um Amigo para a Formação Seguinte— Encoraje os participantes na formação a voltar com um parceiro na sessão seguinte. Esta é uma forma eficaz de acelerar a quantidade de formadores que estão a formar os outros.

HORÁRIO

Use este manual para facilitar um seminário de três dias ou um programa de formação de 12 semanas. Cada sessão dos dois horários demora cerca de uma hora e meia e utiliza o Processo de Formação de Formadores da página 23.

Formação Básica de Discipulado – Três Dias

	Dia 1	Dia 2	Dia 3
8h30	Adoração Simples	Adoração Simples	Adoração Simples
9h00	Boas-vindas	Obedecer	Semear
10h15	*Intervalo*	*Intervalo*	*Intervalo*
10h30	Multiplicar	Caminhar	Seguir
12h00	Almoço	Almoço	Almoço
13h00	Adoração Simples	Adoração Simples	Adoração Simples
13h30	Amar	Ir	Tomar
15h00	*Inteaarvalo*	*Intervalo*	
15h30	Rezar	Partilhar	
17h00	Lanche	Lanche	

Formação Básica de Discipulado - Semanal

Semana 1	Boas-vindas Adoração Simples	*Semana 7*	Caminhar
Semana 2	Multiplicar	*Semana 8*	Adoração Simples
Semana 3	Amar	*Semana 9*	Ir
Semana 4	Adoração Simples	*Semana 10*	Partilhar
Semana 5	Rezar	*Semana 11*	Seguir
Semana 6	Obedecer	*Semana 12*	Tomar

www.ingramcontent.com/pod-product-compliance
Lightning Source LLC
Chambersburg PA
CBHW071501040426
42444CB00008B/1448